par Lieterme, ancien Sous-Préfet de Marennes. voy: la 2e partie. p. 16.

I

NOUVEAU SYSTÈME

DE

TRAITEMENS, SALAIRES ET PENSIONS

APPLICABLE

A TOUS LES SERVICES PUBLICS ET PRIVÉS.

NOUVEAU SYSTÈME

DE

TRAITEMENS, SALAIRES ET PENSIONS

APPLICABLE

A TOUS LES SERVICES PUBLICS ET PRIVÉS,

ET QUI, SANS SURCROIT DE DÉPENSE NI RETENUES MENSUELLES,
PERMETTRAIT D'AUGMENTER LES TRAITEMENS
ET LES PENSIONS, ET D'ÉTENDRE CES PENSIONS A TOUS LES TRAITEMENS.

Fais ce que dois, advienne que pourra

PARIS,

IMPRIMERIE ET LIBRAIRIE ADMINISTRATIVES
DE PAUL DUPONT ET Cie,
Rue de Grenelle-Saint-Honoré, 55.

1842

AU LECTEUR.

Quel est l'auteur de cet ouvrage? Pourquoi ne se nomme-t-il pas? Telle sera, sûrement, la demande d'un grand nombre de personnes, soit par suite d'une curiosité assez naturelle, soit d'après l'habitude assez générale de juger le remède d'après le nom et la réputation du médecin.

Si l'auteur ne se nomme pas, et s'il n'a, non plus, communiqué son travail à aucun des hauts fonctionnaires, c'est que son œuvre n'est pas une œuvre d'amour-propre ou d'ambition, mais un simple tribut à l'intérêt public.

C'est qu'en la livrant à l'impression dans le but d'en provoquer l'examen, la critique et l'amélioration par le concours de toutes les lumières du pays, il importe qu'elle reste en dehors de toute influence de nom, de position et de considérations étrangères à cet intérêt public.

C'est qu'enfin, lorsque tant de capacités éminentes ont depuis si long-temps, et si vainement cherché la solution de ces grands problèmes, l'espoir, et même la conviction d'avoir été plus heureux, ne doivent pas cesser de s'allier à la plus extrême réserve.

Si, du reste, à *défaut de nom*, des notions assez spéciales sur l'objet de cet opuscule pouvaient mériter qu'on ne s'arrêtât pas à la première page, il ne serait pas sans titre à quelque attention.

Attaché pendant plus de trente ans à la haute administration de l'Empire, de la Restauration et de la monarchie de juillet, à d'importantes organisations, et au personnel central et départemental d'un grand ministère ; initié à toutes les manœuvres électorales, à toutes les exigences, toutes les tribulations des fonctionnaires, des Électeurs, des Députés et des Ministres, l'auteur a *vu, lu, entendu et connu parfaitement ce qu'il signale;* ce qui lui a fait chercher à remédier à ces abus, à ces inconvéniens, à ces dangers, dans le commun intérêt de ces mêmes fonctionnaires, Électeurs, Députés et Ministres, comme dans celui de la morale publique, de la société et de la monarchie constitutionnelle.

Fonctionnaire lui-même, après avoir franchement et vainement prédit aux ministres de la Restauration les tristes conséquences de leur système, il a dû préférer sa révocation et sa démission aux obligations qu'on voulait lui imposer;

Il a vu les électeurs comblés de promesses qui n'aboutissaient généralement qu'à les dégoûter de leur état, ou faisant marché, sans pudeur, de leurs voix et de celle de leur famille pour obtenir place ou avancement;

Il a entendu des députés, en déplorant toutes les exigences et demandes des électeurs (1), s'écrier : *Je donnerais mille francs de grand cœur, pour qu'on consignât à la porte des ministères tous les députés;* et un Préfet ajouter : *Messieurs, je doublerais la somme*, et résumer ainsi, également, la position aujourd'hui si fausse de ces derniers fonctionnaires;

Il a vu enfin les ministres (*sans excepter ceux du 1er mars*), constamment obsédés des demandes des députés *de toutes les opinions de la chambre*, se les aliéner fréquemment en refusant d'accéder à ces sollicitations, attendu (2) que *pouvant tout ce qu'ils*

---

(1) Parmi lesquelles celle qui chargeait un honorable député *de trouver des nourrissons à des électrices* (des environs de Paris), n'est peut-être pas la moins curieuse.

(2) Selon un membre (même fort avancé) de l'opposition.

voulaient, le refus ne pouvait provenir que de ne pas vouloir; et que, malheureusement, ils ne pouvaient pas dire, comme ce ministre de la Restauration : *Ah! la bienheureuse ordonnance! sans elle j'étais obligé de renvoyer deux braves officiers ou de mécontenter deux duchesses* (1)! »

Et quand, frappé d'un état de choses aussi déplorable, de ces expressions arrachées par une position intolérable, l'auteur de ce nouveau système de traitement crut devoir en faire connaître le principe et les conséquences naturelles à un fonctionnaire éminent : — *C'est trop beau pour être vrai*, répondit ce dernier; — *mais c'est mathématique ; — c'est précisément trop mathématique!*

Une pareille réplique ne permettait pas d'insister.

Des années se sont écoulées, sans faire plus de mystère de l'idée, mais sans qu'elle ait été soit connue, soit mieux accueillie par ceux qui pouvaient en provoquer l'application.

Cependant, en signalant aussi à la chambre des députés, à l'occasion de la dernière adresse, cette grave situation du pays, un appel a été fait aux moyens d'y porter remède; d'une autre part, le rapport et le rejet du dernier projet de loi relatif aux pensions civiles ont constaté l'égale insuffisance des diverses combinaisons proposées pour y suppléer; enfin, les classes laborieuses ne se trouvent réellement pas moins intéressées que le trésor et les fonctionnaires publics et employés à l'adoption du nouveau mode de traitemens et de salaires; sa publicité a donc pu avoir une véritable utilité, et l'auteur un motif de céder aux instances qui lui étaient faites pour le livrer à l'impression.

D'après la convocation si prochaine des chambres, il n'a pu, dans une rapide rédaction, que s'attacher à indiquer l'idée et la base du nouveau système; mais, pour l'améliorer autant que possible, il sait qu'on peut s'en rapporter aux lumières de la presse, du gouvernement, des chambres et des fonctionnaires publics.

---

(1) Ce qui, à cette époque, pouvait n'être pas, aussi, sans conséquence.

Quand le sort de ces derniers est dans leurs mains ; quand l'avenir de la France dépend peut-être d'une bonne et prompte solution de ces grandes questions, ces divers intéressés pourraient-ils donc faillir à une pareille tâche, à un pareil devoir ?

L'auteur de cet opuscule a cru remplir le sien par cette publication : *advienne que pourra !*

NOUVEAU SYSTÈME

DE

TRAITEMENS, SALAIRES ET PENSIONS

APPLICABLE

A TOUS LES SERVICES PUBLICS ET PRIVÉS.

PREMIÈRE PARTIE.

CONSIDÉRATIONS GÉNÉRALES.

Depuis quelque temps, l'état social et financier de la France, ainsi que son système électoral et administratif, ont vivement attiré l'attention des économistes et des hommes qui se préoccupent de l'avenir.

En voyant le mouvement chaque jour plus rapide qui atteint et emporte toutes les classes et états de la société, et leur fait tout rapporter, tout sacrifier à la soif d'honneurs, de fortune et de jouissances qui les tourmente; en voyant le gouvernement lui-même souvent exposé à subir d'illégitimes et dangereuses influences, et la faveur être partout recherchée et préférée aux services et au mérite pour envahir les emplois publics; en voyant, enfin, le pouvoir et ses agens, institués, en principe, dans l'intérêt de l'ordre et de la société, être partout et constamment présentés aux populations comme un objet de défiance et de répulsion; les dépenses de l'État dépasser douze cents millions; le trésor, déjà grevé de plus de soixante-cinq millions de pensions, chercher vainement, depuis dix ans, comment arrêter et réduire leur incessante accumulation, etc., les esprits sérieux et les amis de leur pays peuvent être fondés à se demander où peut conduire un pareil état de choses, et s'il n'a rien que de naturel et de rassurant.

La discussion de l'adresse et de la loi sur les pensions civiles a provoqué à ce sujet à la chambre des députés, dans la session ouverte le 27 décembre 1841, des observations moins remarquables peut-être encore par leur nature et le talent avec lequel elles ont été présentées, que par l'assentiment marqué d'une notable partie au moins de l'assemblée.

On peut voir dans le *Moniteur* du 19 janvier 1842, et par les extraits relatés à la fin de cet ouvrage (1), comment s'exprimait notamment, à ce sujet, l'éloquent auteur de l'ouvrage sur *la démocratie en Amérique*, M. de Tocqueville, dont le langage, empreint d'une vive préoccupation, emprunte aussi un nouvel intérêt de ce rapprochement, et de l'opinion que l'étude de cette démocratie lui a fait adopter sur les avantages du gouvernement représentatif.

En signalant ainsi à la chambre elle-même cette ambition qui tourmente toutes les classes, tous les états ; cette passion des places qui livre réciproquement l'Électeur au Député et le Député à l'Électeur, comme le Député au Ministère et le Ministère à l'influence du Député, et sacrifie, par suite, trop souvent l'intérêt général à l'intérêt particulier ; si M. de Tocqueville a trouvé si peu de contradicteurs, c'est, malheureusement, que son tableau ne manquait pas de vérité ; c'est, même, qu'avec son tact parfait des convenances, il n'avait pas voulu dire à quel degré ont pu descendre quelquefois le cynisme des électeurs et la dépendance de quelques députés.

L'ambition, le désir de s'élever, de parvenir aux honneurs, à la fortune, à une position meilleure ou plus brillante, n'ont rien que de légitime et de naturel : si ce désir a gagné toutes les classes de la population, ne peut-on pas, selon la belle pensée de M. le comte de Gasparin (2), y voir une de ces tendances mystérieuses imprimées par la Providence à l'esprit humain au profit de la civilisation, et qui, après lui avoir fait conquérir successivement la liberté religieuse, civile et politique, le préoccupe aujourd'hui des améliorations matérielles qui peuvent rendre plus douce la condition de l'humanité?

N'y peut-on pas voir, surtout, l'effet de l'instruction qui, en se propageant davantage, a nécessairement fait connaître et désirer à une partie de la population un bien-être supérieur à celui dont elle jouissait ; qui, par suite du triple penchant des parens, des maîtres et de l'élève à s'aveugler sur ses dispositions et son mérite, par suite de tant d'exemples enivrans, pousse les plus incapables à rêver et à chercher de plus hautes destinées ?

Peut-être serait-il à souhaiter qu'un plus grand nombre d'écoles propres par une instruction spéciale et plus économique à satisfaire et à attirer les classes inférieures et industrielles, pût les soustraire aux séductions d'études inutilement plus élevées et plus dispendieuses pour elles ?

Peut-être aussi, au lieu d'exalter des ambitions déjà naturellement fort vives, en leur répétant constamment et par les bouches les plus éminentes, ce qu'elles savent fort bien, c'est-à-dire que toutes les carrières, toutes les dignités, sont aujourd'hui ouvertes et accessibles au talent, pourrait-on rappeler plus souvent qu'en en-

---

(1) Pièces justificatives n° 1, page 91.

(2) Rapport à la chambre des Pairs sur le projet de loi relatif à l'établissement des grandes lignes de chemins de fer.

courageant l'instruction, l'intention du gouvernement, comme l'intérêt des familles et de la société, ne sont pas de porter les enfans à sortir et à rougir de la profession de leurs pères, pour chercher des carrières plus brillantes et nécessairement insuffisantes à tant de concurrens; que le but est principalement d'accroître pour tout le monde la masse de ces connaissances qui facilitent, relèvent et charment à la fois le travail par de nobles délassemens, parce que, aujourd'hui plus que jamais, toutes les professions doivent être également honorables, quand toutes seront dignement exercées?

De pareils moyens, du reste, suffiraient-ils pour obvier au mal? Non, sans doute, et, surtout, en ce qui concerne l'amendement ou le découragement des solliciteurs *au point d'en diminuer le nombre.*

Pourrait-on espérer plus de succès de ceux qui sont proposés par M. de Tocqueville? (1)

Si la *preuve d'abnégation personnelle à donner par la chambre des députés* consiste à interdire à ses membres toute acceptation d'emploi et tout avancement pendant la durée de la législature, trouvera-t-on, réellement, un grand avantage à priver la chambre des fonctionnaires que cette condition en pourrait éloigner, et dont les lumières et l'expérience lui sont souvent si nécessaires pour rendre les lois *exécutables?* Sera-t-il juste de frapper et de punir ceux d'entre eux auxquels leur fortune patrimoniale permettrait mieux de sacrifier leur intérêt particulier à l'intérêt public? Ne seront-ils pas portés et autorisés par leur propre abnégation à demander d'autant plus pour leurs parens, leurs amis, leurs commettans? Si l'on veut étendre l'interdiction à ces classes de solliciteurs, quelles limites y pourront être assignées et respectées?

Quant aux grands colléges électoraux de Département à substituer aux colléges d'Arrondissement, ne les a-t-on pas déjà vus à l'œuvre? N'a-t-on pas vu le dépaysement, le défaut d'accord des électeurs, ainsi que l'entraînement naturel aux masses, les livrer au pouvoir ou à l'influence de quelques notables, de quelques intrigans, soit du pays, soit du dehors, au point de nommer des candidats *entièrement inconnus,* qui n'ont même pas paru dans le département pendant leur législature, et que leur propre collége avait constamment repoussés?

Avec les inconvéniens, du reste, justement signalés par M. de Tocqueville, les colléges d'arrondissement n'ont-ils pas, aussi, l'avantage d'offrir, relativement à la moralité, aux antécédens, aux principes *réels* du député nommé par ses concitoyens, des garanties qu'on peut assez souvent ne pas trouver pour des candidats étrangers au pays?

Lorsque, d'ailleurs, toutes les lois organiques, les grandes lois de principes et d'intérêts généraux sont déjà faites, qu'il ne s'agit plus

(1) Voir les pièces justificatives n° 1, page 91.

que d'intérêts partiels à concilier et à satisfaire, n'est-il pas vraiment utile et de l'essence du gouvernement représentatif que ces intérêts puissent se produire et se défendre, sous peine d'être sacrifiés?

De tous les moyens indiqués par M. de Tocqueville, on peut donc croire que le plus efficace serait celui déjà adopté par plusieurs gouvernemens, c'est-à-dire *l'obligation, pour tous les aspirans aux emplois publics, de justifier préalablement de leur aptitude, et de n'avancer que graduellement et en proportion des services.*

Ce système, en effet, atteint et repousse, à la fois, l'*incapacité* et la *faveur*; il entraîne, de plus, *le règlement des traitemens et des pensions des fonctionnaires et employés*, ces deux autres grandes questions, dont celle soulevée par M. de Tocqueville ne forme en quelque sorte elle-même qu'une conséquence ou une fraction, puisque le montant de ces traitemens et pensions doit nécessairement influer éminemment sur les demandes d'emplois et la démoralisation qui peut en résulter.

Depuis longtemps, en France, l'état des fonctionnaires a provoqué beaucoup de réclamations. D'une part, on s'est plaint que, trop souvent, la faveur influât plus que la capacité et les services rendus sur la nomination et l'avancement; qu'une obéissance servile fût plus prisée en eux que le mérite, ou du moins parût exigée, de manière à nuire à la considération dont ils doivent être entourés dans l'intérêt même du gouvernement; que leur sort fût entièrement livré à l'arbitraire, sans qu'aucune loi, ou même aucun règlement d'administration publique, eût pris soin d'établir *leurs droits, comme leurs devoirs*, et de leur assurer quelque stabilité, ainsi qu'une rémunération proportionnée à leurs services; d'autre part, le maintien de la presque totalité des traitemens au même taux qui leur avait été assigné il y a quarante ans, quoique tout ait tant augmenté depuis cette époque, a semblé les rendre d'autant plus insuffisans aujourd'hui que les pensions se trouvent aussi réduites proportionnellement.

Ainsi que l'a fait observer M. de Tocqueville, la plupart des gouvernemens de l'Europe, même les gouvernemens despotiques, ont réglé depuis longtemps, soit par des lois organiques, soit par des dispositions royales et spéciales, tout ce qui concerne le service et intéresse l'état des fonctionnaires publics.

Lorsque notre Charte constitutionnelle se borne à proclamer que tous les Français sont également admissibles aux emplois civils et militaires, les moins explicites des constitutions de l'Allemagne s'en réfèrent, sur l'admission aux fonctions publiques, comme sur l'état et les droits des fonctionnaires, à des lois, déjà rendues, servant de complément à la constitution elle-même. Dans ce nombre sont les constitutions de la Bavière et de Bade établies en 1818, celle de Saxe-Cobourg en 1823, celle de Saxe en 1831 (1).

---

(1) Cette partie des renseignemens et observations qui concernent l'organi-

L'Allemagne a établi *en principe que les fonctions publiques appartiennent à la capacité, et qu'elles ne peuvent être retirées que pour une juste cause.*

La constitution Vurtembergeoise, établie en 1819, porte que nul ne pourra être nommé à un emploi public s'il n'a été examiné et reconnu capable. Aucun fonctionnaire ou employé ne peut être destitué, pour *cause de crimes ou de délit commun,* que par un jugement, et, *pour incapacité ou violation des devoirs de sa charge*, que par le Roi, sur la demande collective des autorités supérieures et du Conseil d'état. Il ne peut, de même, être suspendu avec privation de son traitement, ou appelé à des fonctions inférieures, que dans les formes exigées pour sa destitution. Enfin, il ne peut être déplacé, même avec un traitement et un rang égal, que pour cause d'utilité publique, constatée par le chef de son département, et s'il est changé contre son gré, il a droit à une indemnité. Les droits des fonctionnaires infirmes ou émérites à une pension de retraite sont garantis par la loi.

Les mêmes dispositions se trouvent, à de très légères modifications près, dans les constitutions de la Hesse électorale, du grand-duché de Hesse, du Hanovre et de la principauté de Waldeck.

Les personnes qui, d'après d'anciens préjugés, s'imaginent qu'il n'y a que despotisme et servitude en Allemagne, n'apprendront pas sans surprise à quel point les constitutions de ce pays se sont attachées à assurer l'indépendance, ainsi que l'instruction et le sort des fonctionnaires publics.

La Prusse, quoique monarchie absolue, a cherché aussi, et même avec plus de soin que les gouvernemens constitutionnels de l'Allemagne, à se prémunir contre la faveur dans la distribution des emplois, et contre l'indifférence et le découragement que le manque de sécurité jetterait parmi les agens du pouvoir. C'est une chose admirable que l'ensemble de lois, d'ordonnances, d'ordres du cabinet, d'instructions ministérielles qui ont organisé la savante et équitable administration de la Prusse.

Là, comme dans les autres états précités, la première condition de l'admission aux emplois, *c'est non-seulement d'être capable, mais d'avoir prouvé cette capacité par des examens spéciaux.*

Ainsi, au sortir des écoles, après les examens, soit de médecine, soit de droit et autres, il reste encore à subir un examen civil et propre à constater que les candidats sont capables d'exercer dignement et sans danger pour la sûreté publique ou individuelle.

Pour être reçu Surnuméraire civil, Référendaire de Régence ou Auditeur, *il faut, toutefois, posséder quelque fortune.* Ce n'est donc

---

sation de l'administration allemande est généralement extraite de l'ouvrage du conseiller Rumpf, sur l'administration Prussienne, si bien traduit, annoté et complété par M. Ch. Noël.

pas, pourra-t-on dire, le mérite seul qui décide? Mais cette condition n'est pas une prohibition, c'est un avertissement de sacrifices à faire pour les études et le stage préparatoires ; elle ne sera jamais un obstacle invincible pour les talens supérieurs, les vocations prononcées; mais elle peut empêcher de se jeter dans une carrière hasardeuse, les hommes à demi-vocation, à talens équivoques, dont l'existence manquée devient une charge pour la famille et un fléau pour la société.

S'il exige une capacité incontestable, des études solides et spéciales, des preuves réitérées, un stage plus ou moins long, d'une autre part, le gouvernement Prussien garantit à ses agens fixité et sécurité dans la carrière par eux si laborieusement et si justement acquise. Les devoirs de leur charge sont déterminés avec soin ; le zèle et la probité rigoureusement exigés ; mais, hors de là, l'indépendance des fonctionnaires Prussiens est complète, et leur existence assurée. S'ils ne sont pas inamovibles, ils ont du moins des garanties qui concilient l'intérêt public et l'intérêt particulier : la juste indépendance des fonctionnaires et la légitime autorité du gouvernement.

On pourrait difficilement concevoir avec quelle sollicitude éclairée le roi de Prusse veille personnellement à tout ce qui concerne le service et la conduite des fonctionnaires et employés; quelle importance il attache à ce que cette conduite soit toujours régulière et consciencieuse; quelles instructions modèles, souvent libellées de sa propre main, constatent que rien ne lui échappe, et non-seulement ne laissent aucune excuse à la négligence ou à l'erreur, mais encore aucun espoir d'éviter ou de tromper une pareille surveillance.

Mais la même impartialité, la même justice président à la rémunération, à l'avancement, à la pension, à la suspension et révocation de ces fonctionnaires et employés ; la même sollicitude veille à tous leurs besoins.

Ainsi, non-seulement les traitemens sont payables *d'avance*, par mois et même par trimestre, et le montant en est acquis à la succession, mais encore une gratification d'un autre mois ou trimestre est allouée à la veuve ou aux héritiers, pour subvenir aux frais d'inhumation du décédé, et pourvoir à leurs premiers besoins. Ils touchent également, et le mois courant de la pension, et la gratification du mois suivant. Le fonctionnaire ou employé à mettre à la retraite doit être prévenu trois mois d'avance, etc.

Les fonctionnaires et employés inférieurs doivent également être avertis par leurs supérieurs des reproches auxquels ils s'exposent; s'ils n'en tiennent pas compte et qu'il ne s'agisse que d'infractions au service susceptibles de répression disciplinaire, le chef de l'administration, sur l'avis et la proposition du Conseil, peut infliger quelques jours de suspension, une amende et même jusqu'à huit jours d'arrêts; mais si la faute ou la conduite sont assez répréhensibles pour motiver la dégradation (1), la suspension prolongée ou la révocation, on procède par voie judiciaire ou de haute discipline, selon les cas ; mais cette procédure disciplinaire elle-même est toujours entourée de garanties fort importantes pour le fonctionnaire accusé. Avant tout, il faut que les faits soient exactement constatés par une enquête et par l'audition des témoins. L'accusé a le droit d'être entendu et de consigner sa défense au procès-verbal ou dans un mémoire. Les pièces sont envoyées directement ou indirectement, selon le rang hiérarchique du fonctionnaire inculpé, au Ministre du département. Celui-ci, s'il y a lieu à destitution, en fait la demande au Conseil des Ministres, dont deux membres, autres que le Ministre poursuivant, sont chargés de faire examiner l'affaire et rédiger un rapport par un Conseiller de leur département. Ces rapports sont lus au Conseil des Ministres.

L'état des fonctionnaires publics et employés est sûrement loin de présenter en France un semblable système de garanties dans leur intérêt comme dans celui du service public. Jusqu'à ce jour, il n'existe aucune disposition législative, aucun règlement d'administration publique qui ait pris soin d'y pourvoir.

Quelques ministères qui en appréciaient mieux la nécessité ont rédigé des règlemens pour le service de leurs bureaux ; quelques-uns d'entre eux, ainsi que plusieurs directions générales (2), ont reconnu l'avantage d'adopter quelques formes et conditions d'admission, d'avancement, et même de prendre l'avis des conseils d'administration, lorsqu'il s'agit de révocation d'employés au-dessus des rangs inférieurs; mais, à l'exception du service militaire et de celui des percepteurs des contributions directes organisé par l'ordonnance royale du 31 octobre 1839, tous les autres n'ont guère d'autres règles que des précédens, des convenances, et la volonté plus ou moins équitable, plus ou moins forte et protectrice, des Ministres.

Déjà si peu rassurant par lui-même, un pareil arbitraire est bien plus redoutable encore dans un pays en proie aux dissentimens, aux bouleversemens politiques ; où chaque parti, après son triomphe, veut changer et destituer les fonctionnaires ou employés qui n'auront pas agi ou voté pour lui, ou dont on désire les places pour récompenser des favoris ou des partisans.

Les réactions, les exemples en ce genre ne sont malheureusement que trop nombreux, que trop célèbres en France, et il n'a fallu souvent rien moins que la plus rare énergie pour en préserver les fonctions et les fonctionnaires les plus respectables !

Avec ces déplorables préoccupations politiques, avec cette ten-

---

(1) Ou le renvoi à des fonctions inférieures.

(2) Parmi lesquelles on peut citer celles de l'enregistrement, des douanes, des contributions indirectes, etc. (Voir les pièces justificatives n° 2, page 96, etc.)

dance invincible qu'ont, selon M. de Tocqueville, tous les gouvernans à user de leur pouvoir pour en venir à leurs fins, même au prix de quelques inconvéniens pour les intérêts permanens du pays, il serait, sans doute, encore difficile et même dangereux d'accorder, en France, à tous les fonctionnaires et employés les mêmes droits dont ils jouissent dans les états plus calmes de l'Allemagne.

Mais si, d'une part, l'expérience a trop prouvé que vouloir substituer une obéissance aveugle à la subordination naturelle et nécessaire des fonctionnaires et employés, ce n'est pas seulement leur enlever toute considération, toute influence auprès des populations; ce n'est pas seulement se priver des lumières qui pouvaient vous éclairer, c'est recueillir la flatterie pour la vérité (1), et se réveiller renversé; si, d'autre part, sauf un assez petit nombre de fonctionnaires qui se rattachent à la politique, le reste s'y trouve ou devrait y rester totalement étranger; si, en définitive, tout ce que gagnent les fonctionnaires et employés en bien-être, en stabilité, en considération, en influence, tourne également au profit du gouvernement; ne serait-il pas désirable et possible de substituer, enfin, à ce triste et trop long provisoire, une organisation plus en rapport avec nos institutions, avec les intérêts du service et de l'État, comme avec ceux des fonctionnaires et employés?

Lorsque tout a notoirement doublé et triplé depuis quarante ans, ne serait-il pas juste d'augmenter les traitemens restés au même taux, ou même diminués depuis cette époque? Quelques services, des convenances dont quelques-unes touchent même à la dignité du gouvernement, ne réclament-ils pas aussi, sous ce rapport, des améliorations indispensables et urgentes?

L'insuffisance des traitemens, en entraînant celle des pensions, n'entraîne-t-elle pas aussi des inconvéniens pour le service, en y faisant conserver des fonctionnaires et employés qui y sont devenus impropres par l'âge ou les infirmités, comme en décourageant, par suite, les employés capables et actifs qui n'aperçoivent qu'à une époque fort reculée la possibilité d'arriver aux grades supérieurs?

Les mêmes inconvénins ne résultent-ils pas des lacunes qui privent même de pension les Ecclésiastiques et divers fonctionnaires et employés de l'État?

On objectera, sans doute, et avec quelque raison, que la con-

---

(1) D'après les renseignemens transmis par les Préfets, Sous-Préfets et autres fonctionnaires, M. de Villèle se croyait sûr de plus de 300 voix dans la chambre qui le renversa.

M. de Polignac était également convaincu d'avoir la majorité, et ceux qui les trompaient sciemment s'en justifiaient en alléguant que, *la vérité devant déplaire et les exposer à être destitués, ils devaient naturellement préférer flatter; qu'en cas de succès on leur saurait toujours gré de l'intention, et que, dans le cas contraire, le changement de ministère les délivrerait de toute atteinte.....* Que de faits curieux pourraient être cités en ce genre!!!

venance, l'utilité, la justice de cette augmentation des traitemens et des pensions ne sont méconnues, en principe, ni par le gouvernement ni par les Chambres; que leurs bonnes intentions à cet égard se sont souvent manifestées, mais que la réalisation en est nécessairement subordonnée à celle des ressources nécessaires à une pareille dépense, et qu'on ne peut sûrement songer à augmenter les pensions, lorsque, depuis dix ans, on cherche déjà vainement le moyen d'arrêter leur incessante et effrayante accumulation.

Cet objet est, en effet, celui qui, depuis dix ans, a le plus excité la sollicitude du gouvernement et des Chambres, et le dernier projet de loi présenté sur la rémunération des services civils, le 18 mars 1841, a fourni au savant rapporteur, M. Félix Réal, l'occasion de traiter et résumer cette question, de manière à ce qu'on ne puisse plus que se borner à lui emprunter son exposé (1), tout en regrettant d'être obligé de l'abréger.

« C'est pour la cinquième fois, depuis 1832, que la question de la rémunération des services civils est portée à la discussion de la Chambre. Des difficultés sérieuses en ont arrêté la solution jusqu'à ce jour.

« Toutefois, cette solution ne peut plus être différée; les intérêts les plus dignes d'occuper la sollicitude du législateur la réclament; il y va, en effet, de l'intérêt du trésor, c'est-à-dire des contribuables; de l'intérêt de l'administration publique; de celui de plus de 65,000 fonctionnaires en exercice, et de près de 22,000 personnes en possession actuels de brevets de pension.

« Les caisses de retraite *fondées sur retenues* sont, pour la plupart, épuisées; de larges subventions demandées au budget viennent, chaque année, pourvoir à leur insuffisance. Le chiffre de l'allocation proposée pour 1842 n'arrive pas à moins de .... 10,666,513 fr.

Savoir: pour le ministère	de la justice..................	130,000
—	des cultes........................	23,694
—	des affaires étrangères..............	105,000
—	de l'instruction publique............	280,122
—	de l'intérieur.......................	63,000
—	du commerce et de l'agriculture.......	11,697
—	des travaux publics.................	355,000
—	de la guerre........................	534,000
—	des finances........................	9,164,000
	Total..................	10,666,513 fr.

et ce chiffre, tout l'annonce, ne suffira pas aux besoins de l'exercice suivant. Chaque année, la nécessité entraîne, d'urgence et sans examen, le vote des Chambres; chaque année, le provisoire grevant le présent, sans préparer aucune amélioration

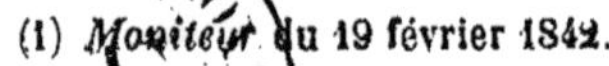

(1) *Moniteur* du 19 février 1842.

pour l'avenir, se reproduit avec l'inconvénient grave de donner au fait l'apparence du droit, et de perpétuer à la charge de l'État une dépense qui, avant d'être inscrite au budget, devrait être toujours librement discutée et appréciée dans son principe et dans ses effets.

« Voilà l'état des choses, et cela ne saurait durer sans dommage. S'il est d'utilité publique de reconnaître cette dépense, il importe au trésor de la régulariser ; de l'asseoir sur des bases proportionnées à la nature des services qu'elle est appelée à rémunérer; de la modérer dans l'intérêt des contribuables ; de la renfermer, enfin, dans des limites légales qui en arrêtent le débordement, en préviennent l'extension et l'abus.

« Cette régularisation n'importe pas moins au gouvernement lui-même ; un bon système de rémunération des services publics (1) ne lui offre-t-il pas, en effet, un moyen légitime et sûr de provoquer une juste émulation entre les fonctionnaires ; d'entretenir le zèle, et de conserver, dans toutes les branches de l'administration, des employés capables et probes, sachant se consacrer avec dévouement à l'accomplissement des travaux qui leur sont confiés ?

« Elle importe aussi à ces vieux serviteurs de l'État laissés en présence du déficit de leurs caisses de retraite ; de ces caisses dont la constitution mal combinée a été impuissante à leur tenir ce qu'elle leur avait promis.

« Elle importe, enfin, à ces fonctionnaires nombreux qui, dans les tribunaux, aux finances, à l'instruction publique, dans toutes les branches administratives, consument en ce moment leurs forces et leurs facultés au service de l'État, avec l'espoir fondé de trouver sur leurs vieux jours une retraite modeste mais assurée.

« Rappeler à la Chambre ces grands et légitimes intérêts, c'est l'avertir suffisamment de l'importance du projet de loi sur lequel elle est appelée à délibérer.

« Avant de vous soumettre, Messieurs, l'appréciation qu'elle a faite du projet de loi, de son principe, de ses conséquences, des modifications qu'il lui a paru utile d'y apporter, votre Commission vous doit compte de l'examen qu'elle a fait de la législation qui, sous divers modes, régit actuellement en France la rémunération des services civils. La Commission vous doit compte aussi de l'étude qu'elle a faite des grands et remarquables travaux auxquels le gouvernement et les commissions de la Chambre des députés se sont livrés depuis dix ans pour éclairer cette grave question. Vous pourrez, Messieurs, suivre les phases diverses qu'elle a subies dans ce long intervalle ; comparer les systèmes différens qui se sont successivement produits pour remplacer la loi existante ; enregistrer les faits certains que l'expérience a recueillis et constatés. La Chambre, éclairée par la discussion, soit qu'elle rejette ensuite le projet, soit qu'elle l'adopte ou le modifie, n'aura agi qu'en connaissance des faits. »

Législation actuelle sur les Pensions civiles.

« Deux modes de rémunération sont actuellement suivis : chacun de ces modes

---

(1) Ce passage, ainsi que le reste du rapport, indiquent que la *rémunération des services* est restreinte par la Commission à l'objet de la loi proposée, c'est-à-dire à *la pension de retraite*. Dans toute son acception, comme d'après l'insuffisance générale des traitemens, elle devrait s'étendre également à leur fixation à un taux plus convenable et mieux proportionné aux services, ainsi qu'à l'avancement. (*Note de l'auteur.*)

a ses voies et moyens distincts; ses charges, ses conditions d'admission particulières, un ordre spécial de services à rémunérer.

« L'un concerne les pensions civiles exclusivement payées par le trésor public; l'autre, les pensions assises sur des caisses de retraite fondées à l'aide de retenues prélevées sur le traitement des fonctionnaires.»

Pensions civiles sur les fonds généraux du Trésor.

« Lorsque l'Assemblée nationale, dans sa mémorable séance du 4 août 1789, posait les bases d'une constitution nouvelle, elle ne pouvait passer sous silence le régime des pensions; un article spécial de ses décrets (l'art. 15) établit, en principe, la réforme immédiate de ce régime.

« La loi du 22 août 1790, pour qui veut se rendre un compte fidèle de ses dispositions, apparaît avec le triple objet:

« 1° De poser le principe d'une rémunération nationale, témoignage de reconnaissance publique, honorifique ou pécuniaire, destiné à récompenser des services éminens rendus à l'État;

« 2° De resserrer dans des limites plus étroites, sous des conditions plus sévères que par le passé, le droit attribué au gouvernement de concéder des pensions et des gratifications;

3° De liquider les charges du passé.

D'après les dispositions du titre 2 relatif aux pensions :

« Aucun citoyen, hors le cas de blessures reçues, ou d'infirmités contractées dans l'exercice des fonctions publiques, et qui le mettent hors d'état de les continuer, ne pourra obtenir de pension qu'il n'ait 30 ans de services effectifs et ne soit âgé de 50 ans (art. 17).

« Nul ne pourra recevoir une pension et un traitement (art. 18).

« La veuve d'un homme mort dans le cours d'un service public pourra obtenir une pension alimentaire (art. 7).

« Il sera destiné à l'avenir une somme de 10 millions pour les pensions et 2 millions pour les dons et gratifications (art. 14).

« Dans le cas où le remplacement des pensionnaires décédés ne laisserait pas une somme suffisante pour accorder des pensions à tous ceux qui pourraient y prétendre, les plus anciens d'âge et de service auront la préférence; les autres, l'expectative avec l'assurance d'être les premiers employés successivement (art. 16).

« Ne sont pas compris dans les 10 millions de francs affectés aux pensions, les fonds destinés aux invalides, aux soldes et demi-soldes, tant de mer que de terre, sur la fixation desquels fonds l'Assemblée se réserve de délibérer, ni les pensions des Ecclésiastiques qui continueront d'être payées sur les fonds qui y sont affectés (art. 16).

« La pension accordée après trente ans de service sera du quart du traitement, sans qu'elle puisse, toutefois, être de moins de 150 fr. (art. 19).

La pension dans aucun cas ne pourra dépasser 10,000 fr. (art. 18).

« Par suite de cette limitation des pensions à 10 millions, dès l'an 4, toutes les régies étaient encombrées de serviteurs vieux et épuisés de fatigue. On ne pouvait les admettre à la retraite, le fonds de 10 millions était absorbé. L'administration de l'enregistrement et des domaines prit l'initiative. Pour rajeunir son cadre d'activité dans l'intérêt de ses travaux, et pour doter de pensions ses plus anciens employés, elle créa un fonds spécial en dehors de la loi de 1790. A l'exemple de l'ancienne ferme générale, elle constitua une caisse de retraite à l'aide de prélèvemens sur les traitemens des employés : la retenue ne fut d'abord que de 1 p. o/o. L'acte du gouvernement qui autorisa cette institution est du 4 brumaire an 4.

« A l'instar de l'administration des domaines, la régie des douanes obtint, à son tour, de la loi du 2 floréal an 5, l'application en faveur de ses employés de ce nouveau mode de rémunération.

« Mais, pendant que le régime des caisses de retraite sur fonds de retenue cherchait ainsi à pénétrer dans les habitudes administratives, la loi de 1790, même avec ses dispositions restrictives, ne suffisait plus pour contenir dans les limites prescrites la somme des sacrifices qu'elle imposait au trésor en faveur de la rémunération des services passés.

« Pour en retarder la liquidation, la loi du 15 germinal an 2 voulut que, pendant cinq ans, il ne fût accordé de pensions que pour une somme égale à la moitié des extinctions. Elle fixa le maximum de toute pension à 6,000 francs. Elle exigea que le fonds des pensions formât, chaque année, un article de la loi sur les dépenses publiques.

« Le décret du 13 septembre 1806 modifia encore plus rigoureusement la loi de 1790.

« Il éleva l'âge requis pour la pension de cinquante à soixante ans.

« Il abaissa le taux de la pension du quart au sixième du traitement moyen des quatre dernières années; l'augmentation pour chaque année de service en sus des trente ans, qui était du vingtième des trois quarts du traitement, fut réduite au trentième; des maximum non prévus dans la loi de 1790 furent introduits par le décret; enfin, par son septième et dernier article, le décret déclara que ces dispositions ne seraient pas applicables aux employés des Ministères et des administrations dont les pensions étaient acquittées *au moyen de retenues*, et conformément à des règlemens particuliers, à l'exception néanmoins de ceux qui auraient pris leur retraite avant que ces règlemens eussent été rendus.

« La législation introduite par ce décret et les dispositions non modifiées de la loi du 3-22 août 1790 excluent donc de leur application et de pensions selon ce mode, les services de terre et de mer rémunérés particulièrement (selon l'article 16 de la loi du 22 août 1790) par des pensions militaires et des pensions sur la caisse des invalides de la marine; les services ecclésiastiques laissés en dehors du crédit des 10 millions (même article); les services dans les Ministères et administrations dont les pensions sont acquittées sur des caisses de retraite à l'aide de retenues (1). »

(1) Le rapport ajoute que, d'après la loi de 1790, les services même rémunérés qui ne sont que momentanés, ou qui, rétribués par des remises sur les perceptions, constituent plutôt le prix d'un marché, d'une entreprise à forfait, qu'un salaire véritable, ne pouvaient être comptés pour la pension. Cela pouvait être, en effet, lorsque, comme au commencement de la révolution, le recouvrement des rôles de contributions était mis annuellement en adjudication au rabais; mais en doit-il être de même depuis que ce recouvrement est confié à des percepteurs et receveurs permanens; lorsque des fonctions émi-

Des caisses de retraite fondées sur retenues.

« Pendant que l'application de cette législation spéciale sur les pensions civiles s'accomplissait régulièrement par l'action du gouvernement sous le contrôle des Chambres, et que la dépense des 10 millions de pensions se réduisait successivement de manière à descendre, en 1841, à moins de 1,500,000 francs, les caisses de retraites fondées sur retenues et qui fonctionnaient parallèlement offraient un déficit chaque jour plus considérable.

« Le système de ces caisses, tel qu'il a été généralement constitué, a étendu les droits des fonctionnaires, créé en faveur des veuves des droits que la loi de 1790 ne leur reconnaissait pas; il a élevé les tarifs du maximum des pensions; quelquefois il a atténué les conditions d'âge, et, dans certains cas, les conditions du service effectif; il a introduit enfin un plus grand nombre de dispositions exceptionnelles, etc., etc. (1).

« Aussi, bien que, dès 1818, un avis du conseil d'état ait averti le gouvernement du péril dont l'existence de ces caisses était menacée par les vices mêmes de leur constitution intérieure, ces avertissemens ont été sans fruit; les retenues mensuelles, le produit de la vente des rentes d'abord accumulées, et qu'il a fallu aliéner ensuite, les subventions législatives ont été successivement absorbées et le déficit s'est montré partout.

« En 1832, cette situation des caisses de retraites sur les fonds de retenues préoccupa vivement les chambres; un rapport de l'honorable M. le baron Lepelletier d'Aulnay, au nom de la commission des finances de la chambre des députés, constata le véritable état de ces caisses.

« Unanimes à reconnaître la nécessité de modifier le système admis pour la rémunération des services rendus à l'État, parce que les charges qu'on imposait au trésor pour y satisfaire, s'accroissant chaque jour, cessaient d'être en proportion avec les sacrifices qu'on pouvait demander aux contribuables, les membres de la commission des finances ne purent s'accorder sur les bases d'un système nouveau.

« Les uns voulaient seulement quelques modifications au lieu d'un changement intégral; d'autres, abandonnant le régime établi, pensant qu'à l'égard de la rémunération des services publics autres que ceux des armées de terre et de mer, l'État devait se

---

nentes, telles notamment que celles de la Cour des comptes, sont elles-mêmes rétribuées en partie par des remises? Les services d'un bon et probe percepteur ou receveur quelconque des deniers de l'État ne sont-ils pas aussi précieux que ceux de tous autres employés, et ne lui donnent-ils pas droit, dès lors, à la même rémunération? Le gouvernement s'est prononcé pour l'affirmative, puisqu'il existe des receveurs de divers impôts admis à la pension, quoique percevant des remises. La commission elle-même a suivi cet exemple, en faisant entrer le montant des remises à la Cour des comptes dans la liquidation des pensions; pourquoi, dès lors, le principe ne serait-il pas également applicable à tous ces comptables? (*Note de l'auteur.*)

(1) Pour être juste, le rapport aurait dû placer au premier rang des causes du déficit éprouvé par les caisses de retraite, le nombre extraordinaire de pensions auxquelles elles ont eu à pourvoir par suite des événemens de 1814 et de 1815, ainsi que toutes les crises politiques qui ont fait renvoyer et mettre à la retraite tant d'employés, en dehors des prévisions et combinaisons ordinaires de ces caisses. (*Note de l'auteur.*)

borner à assurer aux fonctionnaires et employés le fruit de leurs économies au moment de leur retraite, voulaient qu'il n'y eût plus à inscrire au trésor que les pensions liquidées au profit de ceux des serviteurs de l'État que des blessures, reçues dans l'exercice de leurs fonctions, auraient mis dans l'impossibilité de continuer eur service. »

Premier projet de loi présenté le 16 *décembre* 1834
(Par M. Humann).

« En 1834, M. Humann, ministre des finances, après avoir avoir consulté une commission administrative constituée sous la présidence de M. le comte Bérenger, porta à la Chambre des députés un projet de loi ayant pour objet l'organisation des services rendus dans l'administration des finances.

« Mettre à la charge de l'État le paiement de toutes les pensions liquidées ou à liquider pour des services *antérieurs* au 1er janvier 1836, à l'égard desquels les règlemens en vigueur continueraient d'être exécutés; constituer une nouvelle caisse de retraite pour la rémunération des services rendus dans l'administration des finances, postérieurement au 1er janvier 1836, avec la déclaration formelle que cette caisse serait exclusivement alimentée par des retenues faites sur les traitemens des fonctionnaires, et par les prélèvemens déjà attribués à la caisse des retraites sur les produits d'amendes et de saisie, sans aucune subvention de la part du trésor; renvoyer à un règlement d'administration publique le soin d'organiser cette caisse nouvelle; diviser la liquidation de toute pension en deux périodes dont l'une, antérieure au 1er janvier 1836, serait à la charge du trésor, et l'autre, postérieure à cette époque, à la charge de la caisse fondée sur retenues : telles furent les bases du projet de loi proposé en 1834.

La Commission chargée de l'examen de ce projet en proposa le rejet dans la séance du 23 février 1835, par l'organe de son rapporteur l'honorable M. Gouin, en le motivant sur ce que le projet ne concernait que les seuls employés du ministère des finances, et que c'était une loi générale qui avait été demandée par la Chambre et promise par le Président du conseil. Au fond, la Commission aurait préféré, mais sans avoir pu le faire adopter par le Ministre, un système d'après lequel le montant des retenues faites à chaque employé aurait été consacré à acheter à son profit des rentes françaises, de manière à lui constituer au moment de sa retraite un capital représentatif de sa pension.

Deuxième projet de loi présenté le 4 *janvier* 1837
(Par M. Duchatel).

« Ce ministre, pas plus que son prédécesseur, n'avait pu accueillir la proposition de créer des caisses d'épargne et de prévoyance obligatoires pour les fonctionnaires, en remplacement des caisses fondées sur les retenues.

« Il maintenait donc le système actuel; mais, pour suppléer à l'insuffisance trop constatée du produit des retenues, après avoir mis à la charge du trésor, au moyen de créations de rentes, le service des pensions déjà liquidées, il substituait, pour l'avenir, une caisse unique qu'il dotait de cinq millions de rentes, et étendait la loi à toutes les fonctions civiles. Au lieu de renvoyer à un réglement d'administration publique le soin de statuer sur les conditions d'admission et le mode de liquidation des pensions, il en faisait l'objet d'un titre spécial de la loi nouvelle, afin de lui imprimer l'autorité et la sanction de la loi.

Quatre mois d'études laborieuses et persévérantes furent consacrés par la Commission de la Chambre des députés à l'examen de ce nouveau projet. Elle en adopta les principes fondamentaux, réduisit les tarifs des pensions, augmenta les conditions d'âge et de service, et *surtout s'efforça de faire prévaloir autant que possible un système d'unité de règle, d'uniformité de conditions applicables à toutes les branches de l'administration.*

Malheureusement, la session de 1837 était à son terme quand parut le beau travail de la Commission; un changement de cabinet amena un autre Ministre des finances, et cette seconde tentative ne fut suivie d'aucun résultat.

Troisième projet de loi présenté le 27 février 1838
(Par M. Lacave-Laplagne).

D'accord avec son prédécesseur et la commission de 1837 sur la liquidation du passé, le nouveau Ministre, M. Lacave-Laplagne, s'en sépara sur les moyens d'assurer pour l'avenir le service des pensions. Il voulut simplement leur appliquer aussi le principe admis pour les charges du passé, c'est-à-dire leur inscription sur le grand-livre de la dette publique, en faisant profiter le trésor du montant des retenues faites sur les traitemens. Il supprimait également les conditions aggravantes introduites par la commission de 1837, relativement à l'admission et au tarif des pensions. Son projet était basé sur le principe repoussé par cette commission, qu'aux termes des lois en vigueur, *l'Etat était engagé envers les fonctionnaires;* que cette obligation résultait du texte même de la loi du 22 août 1790; que les caisses de retraite fondées sur retenues, en créant un moyen supplémentaire pour assurer le service des pensions, n'avaient point altéré le droit à la rémunération tel que la loi de 1790 l'avait constitué en faveur des fonctionnaires et employés, et que l'Etat ne pouvait se refuser à l'acquittement de cette obligation.

Cette question de principe préoccupa vivement la Commission chargée par la Chambre des députés d'examiner le nouveau projet de loi. Son honorable rapporteur s'attacha à réfuter cette doctrine et *à défendre l'opinion également adoptée par toutes les précédentes commissions, d'après laquelle le trésor, en principe, serait affranchi de toute dette envers les fonctionnaires, pour pensions de retraite.*

Ce débat sur le principe de la loi ne permit pas d'en discuter les dispositions et la session de 1838 s'écoula aussi sans solution.

Quatrième projet de loi présenté le 25 janvier 1840
(Par M. PASSY).

En proposant le rejet du projet de loi présenté par M. Lacave-Laplagne, comme basé sur un principe inadmissible, la Commission de 1838 avait ajouté que, parmi les documens qui lui avaient été communiqués, le projet de M. Gouin était celui qui lui avait paru se rapprocher davantage *du but que le gouvernement devait se proposer, et qui consiste principalement à libérer le trésor de la manière la plus absolue de toute chance de subvention nouvelle.*

Convaincu, cependant, comme ses prédécesseurs, que le système des caisses d'épargne et de prévoyance, tel que le concevait M. Gouin, ne pouvait être le régime à suivre pour la rémunération des services publics, M. Passy accueillit un expédient qui lui parut concilier tous les intérêts.

Cet expédient se réduisait à des termes très simples :

Rémunération des services appartenant au passé ;

Rémunération des services à venir.

La première devenait la charge exclusive du trésor et comprenait tous les services commencés antérieurement à la promulgation du projet de loi.

La seconde, qui embrassait tous les services des fonctionnaires entrés en exercice postérieurement à cette promulgation, devait être, au contraire, à la charge exclusive des nouvelles caisses de retraite.

Quant à la constitution de ces caisses, le projet de loi laissait à chaque administration le soin de la régler à son choix aux seules conditions :

1° Que les statuts seraient autorisés par des règlemens d'administration publique ;

2° Qu'à aucune époque, en aucun cas, il ne pourrait être alloué à ces caisses, à quelque titre que ce fût, de fonds subventionnels sur le trésor.

La commission fut frappée des inconvéniens qui pouvaient résulter de l'adoption de cet expédient.

Laisser à chaque administration le soin de pourvoir, par des règlemens spéciaux, aux pensions de son personnel, c'était s'exposer aux inégalités que présentaient les diverses caisses dont on poursuit en ce moment même la suppression.

Garantir le trésor contre toute demande de subvention par une simple déclaration de la loi qui l'en affranchissait, c'était compter sur une barrière peu efficace, et qui ne pouvait, d'ailleurs, rassurer elle-même qu'autant que l'on aurait la certitude que ces caisses pourraient, en effet, fonctionner et se soutenir sans ressources étrangères.

Or, le rapporteur de la commission, le savant M. Mathieu (de Saône-et-Loire), dans son remarquable rapport du 19 juin 1840, prouva, par les faits recueillis depuis dix ans et ses calculs sur le jeu des tontines, que le taux actuel des retenues serait insuffisant pour obtenir une pension égale à la moitié des traitemens, et fut amené à cette conclusion remarquable :

« Dans cet état de choses, il faut nécessairement trouver une augmentation de ressources, si l'on veut conserver entre les pensions de retraite et les traitemens la proportion établie dans les règlemens actuels.

« Il faut donc avoir recours à une subvention de l'État; mais, pour se conformer au vœu de la chambre, il faut que le trésor ne puisse jamais être engagé au-delà de cette subvention annuelle que la loi devra invariablement fixer. »

Le projet de loi présenté en 1840 fut donc à son tour écarté, et le gouvernement invité à en préparer un nouveau dont les prévisions fussent basées sur les données de l'expérience.

Cinquième projet de loi présenté le 18 *mars* 1841
(Par M. Humann).

Ce projet n'embrassait pas toutes les pensions civiles, mais seulement celles des fonctionnaires et agens civils soumis à des retenues.

Ainsi, il laissait en dehors les fonctionnaires retraités en vertu de la loi du 22 août 1790, du décret du 13 septembre 1806 et de diverses lois spéciales, ainsi qu'un certain nombre de fonctionnaires et employés de diverses administrations dont le traitement n'est frappé d'aucune retenue, et auxquels les lois et décrets précités ne sont point non plus appliqués.

D'après ce projet, le trésor reçoit les retenues, mais rémunère les services; son concours n'est pas limité; il doit suppléer à tout ce que ces retenues n'auront pu fournir au service des pensions; mais, d'une autre part, les conditions pour l'admission à la pension sont rendues plus rigoureuses, les tarifs moins favorables, les retenues plus fortes (1).

Ce système fut donc loin d'être accueilli avec faveur, non-seulement par les fonctionnaires et employés, mais par l'opinion publique et par la Chambre des députés, quoiqu'on puisse trouver d'ailleurs, et sous plusieurs rapports, de grandes améliorations dans le projet du gouvernement, et surtout dans le beau travail de la commission.

En effet, le projet ne confie qu'à l'État la rémunération des services qui lui ont été rendus, et il le fait participer à la dépense concurremment avec le produit des retenues, ainsi que cela se pratique également dans la majeure partie de l'Europe.

En bornant, toutefois, ses dispositions aux pensions des fonctionnaires et agens civils soumis à des retenues, *le projet ne remplissait pas le vœu constamment exprimé par les commissions précédentes, celui d'une loi qui embrassât dans son ensemble le service de toutes*

(1) Voyez à la fin de cet ouvrage le tableau *K* offrant le rapprochement comparatif des conditions imposées par les diverses lois, ordonnances ou projets qui ont paru successivement relativement aux pensions.

les pensions civiles. La Commission de 1841 l'a senti, et s'est efforcée d'y pourvoir, et d'arriver, autant que possible, à l'uniformité de législation.

« Si l'on adopte (ajoute son rapport) pour la pension jusqu'ici servie par une caisse de retraite, l'inscription sur le grand-livre de la dette publique, on ne comprend plus des régimes divers appliqués à des fonctionnaires placés dans des conditions à peu près identiques, et qui, tous rémunérés par le trésor, seront cependant les uns frappés, les autres affranchis de retenues ; les uns constituant par leurs travaux des droits de réversibilité à leurs veuves, et d'autres exclus de cet avantage.

« N'est-il pas possible de fondre cette législation en une seule? ou, si les faits résistent à cette fusion complète, ne peut-on pas, au moins, restreindre les exceptions à ceux des services publics qui, par leur spécialité, ne peuvent sans dommage pour l'administration ou pour les employés eux-mêmes, être rangés dans la loi générale?

« Ce n'est pas la première fois que l'on s'est proposé de mettre en harmonie nos diverses dispositions législatives sur les pensions civiles, et de les coordonner entre elles. Déjà la commission de 1837 a essayé cette fusion; ce travail commencé, votre Commission aurait voulu le reprendre et le continuer. Elle aurait voulu donner un caractère d'unité à cette branche importante de notre législation, et d'uniformité dans son application. Ce but, elle n'a pu l'atteindre complètement; l'étude des faits a dû la faire renoncer à ce projet; mais il lui a paru possible, sans arriver à cette uniformité, de coordonner l'ensemble de nos dispositions législatives sur ce sujet.

« La Commission a reconnu que la loi du 22 août 1790, modifiée par le décret du 13 septembre 1806, devait continuer à pourvoir à la concession et liquidation des pensions civiles, dans quelques services publics qui ne se pliaient nullement à la règle commune. »

En maintenant cette législation pour les cas exceptionnels, dont elle restreignait encore le nombre, la Commission n'admettait donc plus d'autres espèces de pensions civiles, 1° que celles liquidées, en vertu de la nouvelle loi, au profit des fonctionnaires, agens et employés sujets à retenue;

2° Celles concédées par des lois spéciales, telles que les pensions accordées aux postillons, d'après la loi de frimaire an 7;

3° Celles conférées nominativement par le pouvoir législatif, à raison de services éminens.

Les dispositions prises par la Commission dans ce sens, comme pour tout ce qui concerne la mise à exécution de la loi, sont parfaitement entendues.

Elle a bien signalé l'inconvénient du système d'une caisse-tontine, dont l'action se trouverait forcément ajournée à 40 ou 50 ans, et, surtout, ceux d'une caisse d'épargne et de prévoyance tout à la fois insuffisante à garantir le trésor de nouveaux recours; à procurer aux fonctionnaires et employés une rente perpétuelle en rapport avec leurs besoins (1) et le taux des rentes viagères, et à soustraire le gouvernement à la dépendance et aux exigences de ses employés.

. . . . . . « Il est permis de penser, *dit la Commission*, que cette distinction de deux caisses entraînera des écritures multipliées, une comptabilité embarrassante, une complication dans les rouages administratifs que l'état des choses ne réclame pas aujourd'hui; voilà pour le côté matériel.

« Considérée sous les rapports moraux, cette innovation peut avoir une bien autre portée.

» Dans le régime actuel, il n'y a qu'une seule caisse; l'employé est soumis aux retenues; il n'a aucun droit de propriété sur les retenues effectuées; il ne lui reste que l'expectative de la pension, si, par sa bonne conduite et par son travail, il a su se faire maintenir dans ses fonctions pendant une durée d'années déterminée. Si, par inconstance naturelle, par entraînement, il se laisse aller au dégoût de son emploi, et qu'il veuille en sortir avant le temps, son caprice lui devient onéreux, car il perd l'expectative de la pension. S'il est révoqué, il la perd encore, et il est privé en un jour de l'intégrité de son traitement d'activité et de tout droit à la pension.

« Or, ces conséquences prévues de tous pèsent sur tous aussi avec plus ou moins d'énergie, et il en naît une action légitime de l'administration sur les employés.

« Changez les rôles; admettez que les retenues versées dans une caisse séparée produisent tous les ans, au compte individuel de chaque employé, par les soins de l'administration et sous la garantie du trésor, des intérêts qui, par leur accumulation, constituent des capitaux productifs à leur tour de revenus; admettez qu'à toute réquisition de l'employé, ce compte individuel doit lui être rendu, qu'il peut se prévaloir du solde, abandonner soudain l'administration et la laisser livrée à toutes les anxiétés, à toute l'impuissance d'une entreprise sans agent, et déduisez sans prévention les conséquences inévitables de ce système!

« Ces considérations, Messieurs, ont amené votre Commission à conclure qu'il n'y avait lieu ni de créer les deux caisses proposées, ni de substituer au mode actuel de rémunération, c'est-à-dire à la concession d'une rente viagère créée sur la tête des employés, la constitution d'une rente perpétuelle tant en leur nom qu'au nom de leurs familles. »

Cette conclusion se conçoit parfaitement d'après les considérans; mais tout le talent possible pourrait-il jamais parvenir à faire regarder comme justes :

1° L'application de la nouvelle loi à tous les fonctionnaires et employés actuellement en exercice, sans égard à leurs droits acquis, aux conditions plus favorables sur la foi desquelles ils sont entrés dans l'administration?

---

(1) On conçoit, en effet, difficilement comment les retenues qui ne peuvent produire qu'une rente *viagère* ou pension *insuffisante* pourraient procurer une rente *perpétuelle supérieure* ou même *égale*, et que le possesseur ne fût pas obligé d'aliéner promptement pour subvenir à ses besoins.

2° La condition d'âge ajoutée à celle des 30 années de service exigées de ces fonctionnaires et employés ?

3° Et surtout le principe : *que les meilleurs et les plus longs services ne donnent aucun droit à une rémunération, à une pension de l'Etat; que les services cessant, toute rétribution, tout rapport de l'Etat avec ses anciens agens doivent cesser également !!!*

Que l'assujettissement de tous les fonctionnaires et employés aux dispositions de la nouvelle loi en simplifie, favorise et active l'exécution; que la condition d'âge ajoutée à celle des 30 ans de service tende, à la fois, à diminuer le nombre et la durée des pensions; que ce nombre toujours croissant, l'insuffisance des ressources et les charges extrêmes du trésor portent à chercher et à adopter tous les moyens possibles de réduire la dépense ; cela se comprend; c'est l'impérieuse loi de la nécessité, et, tout en la déplorant, tout le monde s'y soumet avec résignation. Mais, du moins, qu'on ait la franchise de ne pas invoquer d'autres prétextes; de ne pas appeler *justice* cette triste *nécessité ;* qu'on ne prétende pas être fondé à exiger pour la pension d'autre condition que celle des services, sauf le droit de l'Etat à en fixer, d'ailleurs, la durée; qu'on ne prétende pas surtout en face de l'armée, en dépit de l'Assemblée constituante (1), de la morale, de la conscience publique et d'un culte de tous les temps, de tous les pays, que l'Etat *ne doit rien à ses vieux serviteurs !* que ce que de simples particuliers regardent comme un devoir sacré, l'Etat en est complètement affranchi, et qu'ainsi ce serait par pure munificence qu'il délaisserait aux fonctionnaires et employés, à titre de pension, le montant des retenues qu'il leur aurait faites ou qu'il les obligerait à placer dans une caisse d'épargne et de prévoyance!

Les Athéniens rejetèrent une chose fort utile parce qu'elle était fort injuste. *L'utilité et la justice* se réunissent à la morale et à la dignité de l'Etat pour consacrer cette dernière rémunération des services publics. En effet, dans le contrat passé entre l'Etat et les fonctionnaires, l'État donne, en échange du travail qu'il obtient, un peu d'argent et beaucoup d'espérances. Il y a l'espérance de l'avancement, celle des récompenses honorifiques, et, par dessus tout, celle d'une pension de retraite, d'une modeste existence assurée pour la vieillesse ; véritable loterie, cependant, où les deux tiers des employés perdront leur mise, par la mort, la révocation ou la démission survenue avant leurs 30 ans de services, mais qui, vu l'incertitude de ses résultats pour chaque intéressé, n'en soutient pas moins jusqu'au bout le zèle, la fidélité et le dévouement de tous. Suppri-

(1) « Considérant que, s'il *est juste* que, dans l'âge des infirmités, la patrie vienne au secours de celui qui lui a consacré ses talens et ses forces, etc....— Art. 1er. L'État *doit récompenser* les services rendus au corps social quand leur importance et leur durée méritent ce témoignage de reconnaissance. » (Loi du 22 août 1790 relative aux pensions et aux récompenses.)

mez le système des retraites, dites nettement aux fonctionnaires et employés qu'ils n'ont rien à attendre au delà de leur salaire de chaque jour, et ce salaire qui, dès lors, sera chargé de pourvoir au présent et à l'avenir de vos agens, devra se grossir en écus de tout ce que vous soldez en espérances dans le système actuel de rémunération.

Ce projet de loi devait donc soulever et souleva, en effet, à la Chambre des députés une forte opposition; quatre systèmes se trouvaient en présence et soutenus par des hommes d'un mérite incontesté.

Le Rapporteur combattait, à la fois, avec talent, le premier système (qui voulait exempter l'État de toute rémunération et pension hors des cas exceptionnels de blessures et infirmités contractées pour fait de service), comme ayant été constamment repoussé par la Chambre ;

Celui de l'établissement d'une caisse d'épargne et de prévoyance, comme n'ayant cessé aussi d'être repoussé par les commissions et par le gouvernement, et devant être également insuffisant à garantir le trésor, à pourvoir aux besoins des employés, et à les maintenir dans la dépendance du gouvernement.

Celui, enfin, de la caisse-tontine, comme ne devant agir avec quelque efficacité qu'en 1915 (1), et présentant jusqu'à cette époque moins d'économie que le projet du gouvernement.

Mais, à son tour, ce projet souleva les plus graves objections; trois orateurs surtout le combattirent avec force et talent, M. Mathieu (de Saône-et-Loire), rapporteur du projet de loi de 1840, M. Gouin (Rapporteur du projet de loi de 1834) et M. Dubois (de la Loire-Inférieure). Voici comment s'exprimait M. Mathieu :

« Le passé n'est pas séparé de l'avenir; tout est confondu; tout doit être assujetti à une règle commune; mais, dans ce système défectueux, également embarrassé par les exigences du passé et les besoins de l'avenir, on a été forcément placé dans un malheureux terme moyen très fâcheux pour les droits acquis, et très onéreux pour le trésor. Cette fausse position a amené des complications, des exceptions continuelles qui ont arrêté la Commission à chaque pas, qui l'ont jetée dans des incertitudes d'où elle n'est sortie que par des à peu près........

« Je repousse cette loi parce qu'elle ne repose pas sur les principes d'ordre et d'économie proclamés par la Chambre; parce qu'elle soulève les justes plaintes des employés en fonctions, parce qu'elle impose des charges énormes au trésor. »

«..........Si j'avais à m'expliquer, *disait à son tour M. Gouin*, sur le projet en lui-même, je vous dirais qu'il me paraît peu susceptible d'être amélioré, comme je le voudrais, par de simples amendemens; c'est dans sa base même et dans le principe qui le régit que ce projet de loi doit être changé.

« C'est ainsi que je ne saurais admettre que la question administrative puisse être

---

(1) La caisse ne devant même commencer à fonctionner et à payer les pensions qu'en 1875; ce qui, jusque là, laissait toutes ces pensions à la charge du trésor.

gênée par le mode de rémunération appliqué aux employés. Je suis tout disposé à reconnaître la justice de cette rémunération; je veux qu'elle soit proportionnée à l'importance des services rendus, mais je m'oppose à ce qu'il en résulte pour l'administration une entrave dans l'influence et dans la direction qu'elle doit exercer sur son personnel.

« C'est, cependant, ce qui résulterait du système proposé. Effectivement, le principe de retenue avec tontine aussi bien que les soixante ans d'âge sont autant de circonstances qui contraignent l'administration à conserver les employés qui lui rendent le moins de services. Il lui répugne de leur faire perdre, et la rémunération à laquelle ils peuvent prétendre plus tard, et les sommes produites par les retenues exercées sur leur traitement. Ne pouvant admettre à la retraite que lorsque la limite des ressources affectées aux pensions n'est pas épuisée, l'administration est encore dans la nécessité, toujours par le même motif, de conserver même ses employés les moins valides, jusqu'à ce que quelques décès de pensionnaires lui aient permis de les colloquer à leur tour dans le cadre des retraites. Cette situation est fâcheuse, elle contribue puissamment à énerver le personnel de vos administrations, et à dégoûter les employés capables et actifs, qui n'aperçoivent qu'à une époque fort éloignée la possibilité d'arriver aux grades supérieurs. Ce que je voudrais, ce serait un système qui rendît le sort des fonctionnaires indépendant les uns des autres ; je voudrais que la caisse de rémunération contînt des ressources constamment égales aux charges qui lui sont imposées......... Je demande donc que la Chambre ne passe pas à la discussion des articles. »

«........Eh bien! *objectait également M. Dubois* (de la Loire-Inférieure), c'est dans ce moment que vous venez remuer la vie de l'administration, que vous venez exciter, croyez-moi, des inquiétudes très graves parmi les fonctionnaires (mouvemens divers); et ce n'est pas à la légère que l'on touche au sort des fonctionnaires, dans un pays aussi agité que le nôtre; dans un pays où, au milieu des mobilités perpétuelles des Ministères, c'est la grande et puissante administration impériale qui maintient seule la vie et la force de votre gouvernement.

« Je suis fonctionnaire comme l'honorable M. Félix Réal, et je lui réponds que ce n'est pas plus que lui au point de vue personnel des fonctionnaires que je parle; je parle au point de vue de l'administration, je dis que vous donnez par votre projet de loi une secousse profonde à l'administration *sans l'organiser*. Et vous le sentez vous-mêmes, car dans votre loi il y a un article 46 qui parle des conditions d'organisation pour l'administration; qui impose au ministre *l'obligation de faire une constitution de l'administration, qui déclare qu'elle ne peut pas marcher dans l'état où on l'a mise:* chose singulière! *on propose par voie d'amendement une clause qui n'est rien moins qu'une charte administrative!*

« Croyez-moi, Messieurs, c'est que l'on sent bien que l'on touche aux bases de l'administration toute entière, quoique cependant je reconnaisse qu'il y a de très bonnes dispositions dans le projet; on sent aussi qu'il aurait fallu adopter un système d'ensemble; en fixant la retraite, *on aurait voulu fixer les conditions du service, et cependant on ne l'a pas fait; on s'est réduit à des questions d'intérêt fiscal, et on a abandonné l'intérêt administratif.*

«.......... Le règlement des pensions des différentes administrations, attribué à un comité unique, ne connaissant ni la vie, ni les habitudes de chaque administration spéciale, en va troubler, confondre tous les ressorts, et créer des conflits entre les divers Ministères; c'est à qui, sur la subvention générale (1), voudra avoir la part la plus forte. On sera sévère ici, large ailleurs; on maintiendra ici des serviteurs incapables; on en précipitera d'autres avant le temps dans la retraite, selon que tel ou tel Ministre, par son influence ou sa faiblesse dans le Cabinet, se sera assuré une part plus forte ou plus faible. »

Consultée si elle passerait à la discussion des articles, la Chambre se prononça pour la négative, et, par suite, rejeta encore le seul des cinq projets de loi présentés qui fût arrivé jusqu'à la discussion.

Ainsi, dix années de travaux, de recherches, de méditations de la part des hommes les plus éminens dans le gouvernement, l'administration, les finances, les sciences et les Chambres, n'ont abouti qu'à constater l'égale insuffisance de toutes les combinaisons proposées, non pas seulement pour satisfaire aux justes vœux des fonctionnaires et employés, ainsi qu'aux exigences de l'administration et du trésor, mais même *pour garantir ultérieurement ce dernier de tout nouveau supplément de secours pour le service des pensions.*

Une pareille impuissance dénote, sans doute, une question d'une grande difficulté; mais ne pourrait-elle pas aussi, comme le présumait M. Dubois, indiquer une base vicieuse, un mauvais point de départ? *Un principe juste doit toujours conduire facilement au but, et les conséquences en sont aussi simples que fécondes.* C'est la nature elle-même qui a pris soin de le prouver; c'est elle qui nous enseigne que si les exceptions se multiplient, si les combinaisons se compliquent, *c'est qu'on n'est pas dans le vrai, et qu'il faut chercher une autre voie* (2).

---

(1) Des vingt millions proposés par la commission pour former la part fixe et invariable du trésor dans le paiement des pensions, et qui devaient être répartis entre les divers Ministères par le Conseil des Ministres.

(2) Ainsi, par exemple, si l'on exige pour les pensions 30 années de service (outre l'intention d'en réduire, ainsi, le nombre et la durée, faute de ressources suffisantes), ne serait-ce pas, aussi, parce que les traitemens ne sont pas eux-mêmes basés *sur le temps de service*, et que leur taux fixe et invariable entraînerait à 10 et 15 ans la même retraite qu'à 25 et 30 ans?

Admettez, au contraire, que les traitemens augmentent proportionnellement aux années de service, et le taux de la pension se trouve par cela seul constamment gradué et fixé, indépendamment même de tout terme, de toute condition de durée des services.

les divers Ministères, c'est à qui, sur la subvention générale (1), voudra avoir la part la plus forte. [illegible] ou le Ministre, par son influence [illegible] sera une part plus forte ou plus faible.

Considérée en elle-même [illegible] son produit pour [illegible], par suite [illegible] des [illegible]

Ainsi, six années de travaux, de recherches, d'investigations de la part des hommes les plus éminents dans le service de l'administration, des finances, les sections et les Chambres n'ont abouti qu'à constater l'égale impuissance de toutes les combinaisons proposées, non pas seulement pour satisfaire aux justes vœux des fonctionnaires et employés, mais aux exigences de l'administration et du trésor ; [illegible]

Une pareille impuissance dénote, sans doute, une question d'une grande difficulté ; mais ne pourrait-on pas [illegible] M. Dubois [illegible] ce principe [illegible] C'est la nature elle-même qui a pris soin de le prouver : c'est elle qui [illegible] principe et les exceptions se multiplient, et les combinaisons se compliquent [illegible] chef une autre route (2).

(1) Dix-huit millions proposés par la commission pour former la part [illegible] entre les divers Ministères, par le conseil des Ministres.

(2) Ainsi, par exemple, si l'on exige pour les pensions 30 années de service [illegible] suffisantes [illegible] et que leur taux fixe et invariable [illegible] et 30 ans?

Substituez, au contraire, que les pensions augmentant proportionnellement aux années de service, et le taux de la pension se trouve par cela seul constamment gradué et fixé, indépendamment même de [illegible], de toute condition de durée des services.

DEUXIÈME PARTIE.

NOUVEAU SYSTÈME DE TRAITEMENS, SALAIRES ET PENSIONS

PROPOSÉ POUR LA RÉMUNÉRATION DE TOUS LES SERVICES PUBLICS ET PRIVÉS.

D'après l'exposé et les considérations générales qui précèdent, pour satisfaire pleinement aux principes, aux vœux et aux intérêts sociaux, administratifs et financiers, qui doivent être conciliés dans la solution de cette grande et délicate question *de la rémunération des services publics*, il faudrait à la fois :

Dans l'intérêt moral et constitutionnel, — modérer et atténuer, autant que possible, cette passion des places et emplois publics, qui n'est pas seulement la maladie de l'époque, mais encore une source réelle, ou possible, de corruption politique, de déconsidération et d'embarras pour le corps électoral, les membres des Chambres et le gouvernement ;

Constituer l'administration et les fonctions publiques de manière à allier à leur concours naturel et nécessaire à l'action gouvernementale cette indépendance morale, cette dignité personnelle du fonctionnaire, qui, seules, peuvent commander la confiance de la population, et la porter, enfin, à ne plus voir des ennemis, mais des protecteurs dans le pouvoir et dans ses agens ;

Dans l'intérêt du Gouvernement et du service, — n'appeler aux emplois publics que les hommes les plus capables et les plus méritans, et rendre, par suite, toutes les recommandations superflues ou infructueuses;

Dans l'intérêt des membres des Chambres et hauts fonctionnaires, — les soustraire également aux importunités et aux obsessions des solliciteurs par les conditions d'admission et d'avancement attachées aux emplois précités ;

Dans l'intérêt des fonctionnaires et employés, — assurer à leur carrière plus de stabilité et de considération, comme des traitemens, avancement, rémunération et pensions mieux proportionnées à leurs services, leur capacité, la nature de leurs fonctions, les besoins actuels de la vie, les charges de la famille et les infirmités de la vieillesse;

Dans l'intérêt des grands principes d'égalité et d'uniformité administrative, posés par l'Assemblée constituante et Napoléon, et *confirmés par le vœu des Chambres et du pays*,— soumettre, avec le moins d'exceptions possible, à un seul et même système d'organisation pécuniaire et de rémunération nationale, tous les fonctionnaires, employés et serviteurs de l'État;

Dans l'intérêt du trésor, — enfin, opérer non-seulement ces diverses améliorations sans accroître ses dépenses, mais encore *le garantir de toute nouvelle subvention pour les pensions*, *en diminuant le plus possible leur incessante accumulation.*

Mais un pareil programme, pourra-t-on dire, est celui d'une véritable charte administrative, et la plus complète qui ait encore été conçue en France. Cela est vrai; mais, s'il s'offrait une occasion de doter, en effet, la France de cette charte depuis si longtemps et si vainement désirée; de réviser et coordonner toutes ces dispositions émanées de temps, de gouvernemens, de principes si différens, et formant un ensemble si disparate, si peu en harmonie, souvent, avec nos institutions actuelles, pourrait-on, réellement, ne pas saisir, ne pas utiliser autant que possible cette occasion?

Si, d'ailleurs, les divers articles de ce programme, non-seulement sont l'expression du vœu public, rappelé et accueilli, au moins en partie, par l'article 46 du dernier projet de loi sur les pensions amendé par la commission, mais encore se rattachent naturellement et forcément à la question des pensions, et, par suite et de fait, *peuvent seuls en amener l'heureuse et complète solution*(1), serait-ce, raisonnablement, un motif pour le repousser?

Loin d'être vu avec défaveur, ce complément de l'œuvre ne saurait donc être réellement qu'un titre de plus à l'attention et à l'intérêt des Chambres et du gouvernement, comme à la gratitude de tous les fonctionnaires et employés.

Quand, toutefois, et faute peut-être d'avoir embrassé toute la question, on a si vainement cherché depuis dix ans à la résoudre; quand les idées de tant d'hommes éminens, relativement aux pensions, se sont si vainement produites, tout nouveau projet ne peut qu'exciter une extrême défiance, surtout lorsque la base en est si simple et les résultats si surprenans. Sous ce rapport, comme à raison des nombreuses et importantes applications qu'il peut recevoir, il a donc semblé que celui-ci ne pourrait qu'être utilement

---

(1) On verra plus loin, en effet, que le trésor est plus intéressé encore que l'émulation, le bien du service, la morale et la justice, à ce que tout ce qui concerne les traitemens, l'avancement, les révocations, les retraites et les pensions, soit réglé d'une manière régulière, équitable et proportionnellement aux services et à la capacité. et que l'admission d'un *intrus* au lieu de l'*avancement hiérarchique priverait l'Etat d'une économie au moins égale au montant du traitement du remplacé.*

Ce résultat serait, peut-être, une des preuves les plus frappantes que, dans les vues et l'ordre providentiels, tout s'enchaîne et réagit de façon que tout ce qui est vraiment juste et bien n'entraîne, sous tous les rapports, que le bien, comme ce qui est injuste et mal, n'enfante que le mal ou des inconvéniens.

soumis à l'examen et à l'épreuve de la critique et de l'opinion publique.

Il a paru également qu'après l'exposé des antécédens et de tout ce qui concerne cette grande question de la *rémunération des services publics*, le travail pourrait se borner, selon le mode usité par le gouvernement, à donner, d'abord, quelques explications préliminaires, et à les résumer, ensuite, en un projet de loi, avec les tableaux et pièces à l'appui. Les idées seront ainsi mieux précisées et mieux saisies que par de longs développemens.

Cause première des inconvéniens du système actuel.

La source à la fois de tant d'avidité pour les fonctions publiques, de tant d'obsessions des électeurs à l'égard des députés, et de ces derniers à l'égard du gouvernement, de tant de découragement pour les fonctionnaires et employés, sans autre appui que leurs services et leurs talens, c'est, on ne saurait le méconnaître, *le désir et l'espérance d'obtenir d'emblée, ou plus promptement, par la faveur, une position supérieure à celle que pourrait offrir une autre carrière.*

Base et conséquence du nouveau système.

Si donc, *en laissant même tous les emplois au choix, sauf quelques conditions d'admission et des preuves de capacité,* et en améliorant le sort des fonctionnaires et employés sous le rapport des traitemens, avancement et pensions, *ces traitemens étaient gradués et proportionnés aux années de service*, n'en devrait-il pas résulter naturellement :

Que les véritables incapables craindraient même de se présenter, ou ne seraient pas admis;

Que tous ceux avides d'arriver promptement à la fortune ou aux honneurs, ne pouvant obtenir dans les emplois publics qu'une existence honorable, mais généralement modeste, et qu'il faudrait conquérir, d'ailleurs, par trente années de services, préfèreraient d'autres carrières ;

Que, dès-lors, les membres des chambres et le gouvernement seraient délivrés au moins d'une portion fort nombreuse, et la plus exigeante, des solliciteurs ;

Que, sans priver le gouvernement de la faculté d'appeler aux emplois les hautes capacités; sans en arrêter en rien l'acceptation, puisque ces capacités seraient ainsi d'autant plus certaines elles-mêmes d'atteindre aussi rapidement et honorablement que possible, les grades et les émolumens les plus élevés, désormais les fonctions publiques seraient, au moins en majeure partie, remplies par des hommes vraiment capables, laborieux et satisfaits de ne devoir leur rémunération qu'à leurs services ;

Qu'enfin, en voyant tous les fonctionnaires et employés de l'État soumis, comme les officiers de terre et de mer, à des conditions d'admission, de capacité, d'avancement, de révocation, de retraite, la population les environnerait bientôt de ce respect, de cette considération, de cette confiance qu'inspire toujours un pouvoir exercé dignement et dans le seul intérêt de l'ordre et du pays?

Dans tous les cas, à défaut d'un succès parfait, toujours si rare en toutes choses, au moins obtiendrait-on, sûrement, d'une pareille base d'organisation, des résultats assez satisfaisans pour la faire préférer au système actuel.

Elle a, d'ailleurs, l'immense avantage *de s'appliquer facilement à la totalité des traitemens civils et militaires* payés par le trésor.

Enfin, elle offre, sous le rapport financier, des économies, des ressources dont on n'a probablement pas apprécié jusqu'à ce jour toute l'importance, et qui, seules, suffiraient, sans doute, pour en assurer l'adoption.

Résultats comparatifs et notables avantages du nouveau système sous le rapport financier.

En effet, le mode de traitement généralement adopté jusqu'à ce jour, est celui d'une somme *fixe*, et qui ne varie que par nomination à des classes, grades et emplois supérieurs.

Ainsi, tant qu'il occupera le même emploi, un Sous-Préfet touchera, chaque année, 3000 fr.; un Juge de paix, 800 fr., etc.

Il résulte de ce système:

Que chaque 100 fr. de traitement, au bout de trente ans, enlève au trésor (tableau *AA*, n° 1), en capital................ 3,000 f.» c.

Et en y joignant les intérêts composés, { à 4 p. 0/0, (montant à 2,608f 46c) à 5,608 46
{ à 3 p. 0/0, (montant à 1,757 54). à 4,757 54

Que pour des fonctions exercées seulement pendant dix ou quinze années, chaque 100 fr. de traitement n'en coûte pas moins à l'État, *au moins* 1,000 et 1,500 fr.

Au lieu d'être ainsi le même pendant tout le temps d'exercice de la fonction, si, *diminué au début, à l'effet de s'accroître d'autant à la fin,* le traitement partait *d'un minimum, pour s'élever progressivement et n'atteindre le maximum qu'au bout des trente ans voulus pour la pension,* quelles en seraient les conséquences?

Les 100 fr., dont le paiement annuel revenait au bout des trente ans, en capital et intérêts à 4 p. 0/0, à 5,608 fr. 46 c.; en ne montant, chaque année, que de 3 fr. 33 c., de manière à n'arriver au taux de 100 fr. qu'à ce terme de trente ans, ne coûteront plus (même tableau, n° 2), que.............................. 2,177 fr. 14 c.

Si, même (et pour apporter, à la fois, moins de variation dans le chiffre des traitemens), le paiement de cette augmentation annuelle de 3 fr. 33 c. ne s'effectue et ne profite aux fonctionnaires et employés que par une *révision quinquennale* (même tableau, n° 3), la dépense ne serait plus que de................. 1,842 fr. 64 c.

Avec le paiement *tous les trois ans* (*id.*, n°4), elle ne serait encore que de........................ 2,001 74

Chaque 100 fr. des traitemens *fixes* actuels équivaudrait donc ainsi, réellement, et pourrait s'élever en *portion progressive*, avec le paiement *quinquennal* à.......................... 304 fr. (1)

Avec le paiement *triennal* à...................... 280 (2)

C'est-à-dire *qu'avec la même somme*, le traitement, dans le premier cas, pourrait être plus que *triplé*, et dans le second cas, porté à 2,80/100 en sus.

Si l'on prenait seulement l'intérêt à 3 pour 0/0 :

Les 100 fr. de traitement fixe (même tableau *A*, n° 1), revenant à.................................... 4,757 fr. 54 c.

Et *avec le paiement quinquennal* à.............. 1,669 12

Qui, au lieu de 304 fr., n'équivalent plus qu'à.... 285 » (3)
ne suffiraient plus, sans doute, pour *tripler le traitement*, et laisseraient (tableau *J*) un déficit de.................................... 15
ou du *vingtième* des 300 fr., et ce vingtième à raison des 25 millions (sur les 100 millions des traitemens fixes actuels), qui pourraient être consacrés, d'après le nouveau système (4), à former la portion ascendante et maximum des nouveaux traitemens, entraînerait proportionnellement, sur tous les traitemens, une perte et un déficit annuel de.............................. 1,250,000 fr.

Avec le paiement tous les trois ans, au lieu du paiement *quinquennal*, les 100 fr. de traitement fixe descendant de 4,757 fr. 54 c. à 1,807 fr. 38 c. (tableau *K*), qui ne produisent que 262 fr.

Le déficit des 38 fr. manquant s'élèverait, de la même manière, à.................................... 3,100,000 fr.

Si, enfin, l'on supprimait même tout intérêt :

Les 100 fr. de traitement fixe descendant :

Avec le paiement quinquennal de 3,000 à 1,266 fr. 67 c., qui ne donnent plus que 237 fr. (tableau *K*), le déficit de 63 fr. en entraînerait un total de.................................. 5,200,000 fr.

---

(1) 5,608 fr. 46 c. divisés par 1,842 fr. 64 c. donnent 304 fr.
(2) 5,608 fr. 46 c. divisés par 2,001 fr. 74 c. donnent 280 fr.
(3) 4,757 fr. 54 c. divisés par 1,669 fr. 12 c. donnent 285 fr.
(4) Si l'on fait la conversion des traitemens fixés en traitemens progressifs, en prenant les *trois quarts* de ces traitemens fixes pour former le *minimum* des traitemens progressifs ; et l'autre *quart* (qui se *triple* par le système), pour former la portion ascendante et le *maximum*.

Avec le paiement triennal, les 100 fr. de traitement fixe ne représentant plus (même tableau) que 3,000 fr. et 1,360 fr. ou 220 fr., le déficit des 80 fr. en occasionnerait proportionnellement, sur le traitement, un autre de........................ 6,930,000 fr.

Mais, d'une autre part, en remplaçant le fonctionnaire admis à la retraite après avoir atteint le *maximum* du traitement, par un simple rétribué au *minimum*, la différence de ce *minimum* au *maximum* se trouve évidemment économisée.

Si, par des motifs déduits plus loin, le *maximum* du traitement inférieur dépasse le *minimum* du traitement supérieur, cette économie s'accroîtra d'un 19,66/100 (1).

Si, comme il est juste et assez habituel de le faire, le remplacement s'opère en faisant monter successivement les fonctionnaires du grade inférieur au grade supérieur, l'économie devient telle (tableau *E*), *qu'elle peut excéder des trois quarts le montant du traitement au maximum du retraité* (2).

En *bornant même ce bénéfice au simple montant de ce traitement* (indépendamment de celui de la pension à peu près égal au septième (3)), à raison de plus de 65,000 fonctionnaires qui touchent annuellement plus de 100 millions, *au bout des trente ans*, auxquels ces fonctionnaires sont admis à la retraite (4), l'économie devrait s'élever naturellement à la totalité des nouveaux traitemens, à leur maximum, c'est-à-dire à........................ 150,000,000 fr.

Mais comme, d'une autre part, selon le rapport du savant M. Mathieu, sur le projet de loi présenté en 1840, près des *deux tiers* des fonctionnaires (2,200 sur 3,500 (tableau *D*), par suite de décès, démissions et autres causes, sont remplacés avant d'avoir atteint les trente ans, ces 150 millions augmentés des *deux tiers* produiraient réellement, pour les trente ans, une économie de plus de.. 250,000,000 fr.

Ou pour chacune des trente années............. 8,300,000

Enfin, si les 43,334 fonctionnaires (sur les 65,000), qui n'arrivent pas aux trente ans voulus pour la pension, au lieu de percevoir par an une somme moyenne de 1,500 fr. (5) n'en touchent plus, selon le nouveau système, qu'une de 1,382 fr. (même tableau *D*), il en résultera encore une autre économie s'élevant, pour les vingt-neuf ans et 66 millions de traitemens annuels, à plus de 5,100,000 fr., et

---

(1) 4,275,933 fr. au lieu de 4,504,477 fr. (Tableau *F*.)

(2) 35,000 fr. pour 20,000 fr.; 18,500 fr. pour 10,000 fr., etc.

(3) 446,700 fr. divisés par 65,050 fr. (Tableau *E*.)

(4) Sauf ceux du service actif admis à cette retraite à 25 ans d'exercice et qui augmenteraient d'autant le bénéfice.

(5) Les 100 millions de traitemens, divisés par les 65,000 fonctionnaires, porteraient réellement cette moyenne à 1,538 fr.

par année et en moyenne (1) à environ..... .... 200,000 fr.

Le total des économies obtenues ainsi, sur les services civils, même toutes les pensions payées, serait, dès-lors, annuellement et au plus bas de.................................. 8,500,000 fr.

En défalquant de cette somme le déficit le plus considérable de ceux sus-indiqués, celui de......... 6,930,000 qui résulte du cas le plus défavorable au nouveau système, c'est-à-dire de *la suppression de tout intérêt, avec paiement triennal des augmentations*, le nouveau système n'en procurerait donc pas moins encore (tableau *J*) un bénéfice annuel d'au moins (2) 1,570,000 fr.

Si l'on appliquait également le système aux armées de terre et de mer, dont la dépense annuelle pour cet objet s'élève à 63,527,000 (3), les divers résultats devraient être augmentés de 63/100.

Dans tous les cas, de pareilles ressources et économies (4) permettent, non-seulement l'adoption du système, avec le paiement *triennal* des augmentations de traitemens, mais encore de subvenir à celles que réclament spécialement quelques services; il ne faut que chercher à en régler l'emploi le mieux possible, à disposer l'organisation de manière à obvier aux inconvéniens, et satisfaire aux divers besoins, aux divers vœux signalés dans le programme placé en tête de cette seconde partie.

Mode et détails de l'organisation.

A cet effet, la première mesure qui semble commandée par l'esprit de justice, l'intention des Chambres, et la réalisation de tous les avantages du nouveau système, c'est d'y soumettre également tous les traitemens payés par l'État pour le service public, soit *directement*, soit *indirectement*.

Ainsi le nouveau système ne s'appliquerait pas seulement à tous les fonctionnaires et employés mentionnés par le dernier projet de loi amendé par la commission, comme à tous les officiers, agens et employés des armées de terre et de mer; il s'étendrait aussi

---

(1) La conversion des traitemens actuels, faite aux deux tiers au lieu des trois quarts pour former le *minimum*, ne produisant que 1,337 fr. au lieu de 1,382, le boni dépasserait, en trente ans, 7,000,000 au lieu de 5,100,000 fr., et et 240,000 fr. par an au lieu de 176,000 fr.

(2) Puisque tout *a été calculé ici au plus bas*, et sans tenir compte, notamment, du million à épargner annuellement, comme on le verra plus loin, sur les dépenses du clergé et autres économies.

(3) D'après le budget pour 1843, cette portion des dépenses du personnel s'élèverait :

Pour les 17,000 officiers et employés de l'armée de terre, à traitemens fixes, à environ........................	55,062,000	63,727,000 fr.
Pour les 3,560 officiers et agens de la marine, à..............................	8,465,000	

(4) Indépendamment des 65 millions de pensions annuelles dont le nouveau système doit successivement et finalement dégrever le trésor.

aux employés des Préfectures et Sous-Préfectures, Recettes générales et particulières, et autres administrations de ce genre.

La simple mesure d'ordre qui a substitué l'abonnement avec les chefs de ces administrations (1), au paiement de leurs employés par le trésor, ne saurait, effectivement, changer la nature du service de ces derniers, et leur enlever les droits qui en découlent, et dont ils jouissaient même, au moins en partie, antérieurement.

Les préposés des douanes, des forêts, des contributions directes ou indirectes, sont nommés ou commissionnés par les ministres ou directeurs généraux, et rétribués et pensionnés par l'Etat. Avec un service plus important, les bureaux des Préfectures, Sous-Préfectures et autres administrations précitées, présentent et fournissent fréquemment aux administrations supérieures des employés aussi instruits que laborieux; et si, en les faisant commissionner par les Ministres, sur la présentation des Préfets, Sous-Préfets et autres chefs de service, le gouvernement peut concilier l'autorité que ces derniers doivent avoir sur leurs subordonnés, avec le patronage et le contrôle qu'il doit conserver dans l'intérêt public, comme dans celui des employés, on concevrait difficilement comment on pourrait, non pas seulement repousser leurs vœux à cet égard, mais même les maintenir dans une exception qui aurait, d'ailleurs, désormais, beaucoup plus d'inconvéniens que d'avantages, à raison du nouveau moyen de pourvoir au paiement des pensions sans aucun déboursé du trésor.

Remplacement de toutes les remises et émolumens éventuels par un traitement déterminé.

Par suite du principe, tous les traitemens doivent pareillement être ramenés à une somme déterminée, en supprimant et percevant uniquement au profit du trésor les remises et émolumens éventuels qui pouvaient en augmenter le taux; sauf à tenir compte, du reste, du montant de ces remises, dans la fixation des nouveaux traitemens.

La Commission de la chambre des députés, chargée de l'examen du dernier projet de loi sur les pensions, avait déjà jugé une telle conversion indispensable pour le règlement de ces pensions, et les fonctionnaires à remises ne pourront, peut-être, que gagner, aussi sous le rapport moral, à rester pleinement désintéressés aux yeux de la population, au plus ou moins grand produit de leurs perceptions.

Les diverses recettes des comptables sont si bien connues et si

---

(1) Tout en les obligeant par l'ordonnance du 15 mai 1822 à en affecter une portion au traitement des employés des Préfectures et Sous-Préfectures, et à en justifier l'emploi par des états d'émargement.

peu variables, qu'à part des cas extraordinaires, cette disposition peut ne motiver que fort peu d'exceptions (1).

Les frais de représentation qui pouvaient être compris, au moins indirectement, dans les traitemens des Ambassadeurs, Préfets, Généraux, Premiers Présidens, Procureurs généraux et autres emplois de ce genre, ainsi que les supplémens de traitement pour service dans les colonies, doivent également en être distraits et affectés spécialement *à la résidence* (2), de manière à restreindre le traitement à *celui du grade ou de l'emploi*, en général.

Par ce moyen, les fonctionnaires pouvant suivre et obtenir leur avancement indépendamment de cette résidence seront mieux disposés à rester dans les localités et départemens d'ordre inférieur, et ces derniers pourront, enfin, profiter de leur expérience, au lieu d'en être privés par ces continuels et funestes déplacemens qui y rendent toute amélioration impossible.

De son côté, le gouvernement pourra aussi employer et, en quelque sorte, essayer les fonctionnaires dans les résidences difficiles et importantes, sans violer les règles de l'avancement, sans compromettre et engager l'avenir, soit pour lui, soit pour eux, ni exposer ses agens et l'administration elle-même à la fâcheuse impression qui accueille toujours à son arrivée le fonctionnaire déchu d'un rang supérieur.

Conversion des traitemens fixes en traitemens progressifs.

Etablis ainsi en somme nette et déterminée, les traitemens, *dans chaque classe, grade ou emploi*, au lieu d'un taux fixe et invariable, auront à s'élever progressivement; et dans la proportion des années de service, d'un *minimum* à un *maximum*, de manière à atteindre toujours ce *maximum* au bout des 30 ans exigés pour la pension.

Ainsi, un traitement actuel de...................... 1,500 fr.
Etant converti en *minimum* de...................... 1,100
et *maximum* de...................... 2,300

la somme ou différence entre ces deux nombres s'élevant à 1,200 fr., serait répartie entre les 30 ans de service nécessaires pour la pension et ferait monter annuellement le traitement de 40 fr. (tableau *H*).

Si le fonctionnaire comptait dix ans de service, la différence de 1,200 fr. entre le *minimum* et le *maximum*, divisée par les 20 ans qui doivent compléter les 30 années requises, le ferait monter annuellement de...... 60 fr., etc.

Ainsi (et cette explication peut être encore utile), nommé à un emploi où le *minimum* serait de 10,000 fr., et le *maximum* de 15,000 fr., un fonctionnaire ayant 20 années de service, et jouissant déjà d'un traitement de 12,000 fr., le conservera dans le nouvel emploi,

(1) Que le nouveau projet laisse totalement, aussi, à la désignation du gouvernement.

(2) Ainsi que l'a déjà fait depuis long-temps l'administration de la guerre.

et les 3,000 fr. qu'il lui faut pour atteindre le *maximum* de 15,000 fr., étant divisés par les 10 ans de service à compléter le feront monter annuellement de .... 300 fr. (1).

Ainsi, encore, la fixation du *minimum* à un taux peu élevé ne saurait nuire en rien à la représentation que peuvent exiger quelques fonctions, puisque, lors même que les *frais de cette représentation ne seraient pas séparés et alloués à part du traitement*, il est bien peu de fonctionnaires appelés à ces emplois, qui, par plusieurs années de services antérieurs, n'atteignent déjà, ou fort promptement, un taux supérieur au *minimum* attribué *au débutant.*

Si, par hasard, il s'en trouvait quelques-uns dans cette position de *débutant,* la distinction que le simple *minimum* établirait entre eux et de plus vieux serviteurs de l'Etat n'aurait sûrement rien que de juste et de moral, surtout quand l'allocation distincte des frais de représentation obvie à tout inconvénient pour le service public.

Outre son immense intérêt *sous le rapport des économies et ressources qu'elle procure,* cette disposition a l'avantage :

Pour les fonctionnaires et employés, d'assurer à l'ancienneté au moins une part d'avancement exempte de tout inconvénient (2), puisqu'elle se borne à une augmentation de traitement dans un emploi déjà conféré; de garantir à ces fonctionnaires et employés une amélioration progressive à leur position, et l'obtention à 30 années de service du *maximum* de traitement et de pension assigné à leur grade et à leur emploi; de favoriser et faciliter aussi d'autant plus les retraites, et, par suite encore, l'avancement actuellement si restreint; de fournir, enfin, le moyen d'élever *de moitié* tous les traitemens et toutes les pensions (3);

Pour le gouvernement, de permettre de laisser tous les emplois au choix et à la capacité; de régulariser, légitimer en quelque sorte, et rendre au moins purement momentanée la faveur elle-même, puisqu'en accordant l'emploi avec le *minimum* du traitement, elle ne pourra dispenser des années de service nécessaires pour atteindre le *maximum,* ni empêcher un candidat plus ancien, qui y arriverait

---

(1) Si, dans ce cas, la différence du minimum au maximum et l'économie du remplacement ne sont dans cet emploi que de 3,000 fr. au lieu de 5,000 fr., on conçoit que le surplus ne s'en trouve pas moins par le remplacement du fonctionnaire à 12,000 fr. par un rentrant à 8 ou 9,000 fr. et ceux dans les grades inférieurs, le trésor, qui paie tout, profitant aussi de tout, *quelle que soit la diversité des administrations et des services.*

(2) L'ancienneté de services, en effet, ne garantit pas toujours la capacité, et encore moins un autre genre de capacité; c'est donc plutôt par une augmentation de traitement que par un avancement d'emploi qu'elle doit, en principe, être rémunérée.

(3) Si l'on fait la conversion des traitemens actuels en en conservant les *trois quarts* pour former le *minimum;* car en la faisant aux *deux tiers* de ces traitemens pour le *minimum,* l'augmentation serait aussi des deux tiers; opérée à *la moitié,* elle *doublerait* le traitement, etc. (Tableau *B.*)

plus tard, de reprendre l'avance par l'effet de cette ancienneté (1); d'éviter enfin, et sans arrêter, du reste, en rien la concession de l'emploi avec le *minimum* du traitement, ce qu'il y a de peu convenable, de peu juste, et de décourageant, à conférer immédiatement à un débutant, même le plus capable, le même traitement, la même rémunération qu'à de vieux fonctionnaires et magistrats de 25 à 30 années de service !

Sous les rapports moraux, politiques et administratifs, la conversion des traitemens fixes en traitemens progressifs n'est donc pas moins avantageuse que sous *le rapport financier,* et constitue réellement la base d'organisation à la fois la plus équitable, la plus simple, la plus économique, et la plus favorable à tous les intérêts, à toutes les combinaisons.

Bases diverses qui peuvent être adoptées pour la conversion.

Cette conversion peut se faire soit en abaissant du *quart* (tableau *B*, n° 2) ou du *tiers* (*idem*, n° 1), le taux actuel *fixe* pour former le *minimum*, soit même en combinant à volonté ces deux bases (tableau *C*) (2), ou en augmentant encore le *maximum* par l'admission d'un moindre nombre d'employés dans les classes supérieures.

Peut-être, néanmoins, ne faut-il pas oublier que le taux plus ou moins élevé du *maximum* des traitemens doit influer aussi proportionnellement sur le montant des retraites et des économies, comme sur les ressources des fonctionnaires au moment où elles leur sont plus nécessaires qu'à leur début, jeunes encore, dans la carrière, et que, par un des singuliers résultats du système, comme on le verra plus bas au titre des pensions, l'économie sera d'autant plus grande, que les traitemens seront plus élevés et au-dessus de 12,000 fr. (3).

En prescrivant, du reste, que la somme totale des nouveaux traitemens ne pourra dépasser leur montant actuel, les intérêts du trésor, dans tous les cas, se trouvent pleinement garantis.

Conséquence de diverses combinaisons accessoires.

Quand le traitement de l'emploi excède 3,000 fr. et présente une

---

(1) Un traitement de 3,000 fr. pour un fonctionnaire qui ne compte que 5 années de service montera seulement annuellement de 72 fr., tandis que pour celui qui en aura 10, même avec une nomination postérieure, il montera de 90 fr. Les 1,800 fr. de la portion ascendante du traitement de 3,000 fr. divisés par les 20 années de service à compléter, donnent, en effet, 90 fr. ; comme les mêmes 1,800 fr. divisés par les 25 années, donnent 72 fr.

(2) Ce tableau est combiné de façon à pouvoir être applicable à tous les services publics.

(3) Attendu que la pension ne pouvant jamais dépasser 6,000 fr., l'excédant du *maximum sur le minimum* qui se trouve supérieur à cette somme tourne au profit du trésor.

différence entre le *minimum* et le *maximum* de plus de *moitié* de ce traitement, et que la nature des fonctions ou le bien du service le comportent ou l'ont déjà fait établir, ces traitemens et différences peuvent être répartis en plusieurs classes soumises au même mode de progression.

Il importe, néanmoins, d'en restreindre le nombre, parce qu'en multipliant, par suite, le *minimum* ou *portion fixe du traitement qui coûte trois fois plus que la portion ascendante,* la dépense s'accroîtrait d'autant plus, ainsi que le démontre le tableau comparatif de ces combinaisons (tableau *F*, n°s 3 et 4).

La disposition par laquelle le *maximum* du traitement inférieur dépasse toujours le *minimum* du grade supérieur (même tableau, n°s 2 et 3) offre, au contraire, l'avantage de l'économie; elle facilite la formation des classes, et permet de conserver en totalité le bénéfice provenant du remplacement du *maximum* par le simple *minimum*, et de compenser, au moins pécuniairement, pour l'ancienneté, l'avancement, même mérité, qu'elle ne peut souvent obtenir par suite du plus petit nombre d'emplois dans les grades supérieurs, et autres causes.

On peut voir également par les tableaux *E*, *G*, que la combinaison du remplacement au simple *minimum*, avec celui qui, à chaque vacance dans les emplois supérieurs, fait monter d'un degré tous les employés des grades inférieurs, non-seulement fournit le moyen de *payer les pensions avec le traitement même*, et *sans aucune charge pour le trésor,* mais encore une économie qui peut excéder des *trois quarts* le montant du traitement du remplacé (1).

De pareils résultats autorisent donc à penser que l'influence des divers modes de traitement sur la dépense qu'ils occasionnent n'a pas été suffisamment appréciée jusqu'à ce jour.

Moyen d'établir et de vérifier facilement le taux des traitémens.

Pour établir et pour vérifier, d'ailleurs, avec la plus grande facilité le taux des traitemens malgré leurs variations d'après les années de service, il ne faut, ainsi qu'on l'a vu plus haut, que diviser la *portion ascendante* du traitement ou différence du *minimum* au *maximum*, par le nombre d'années de service à parfaire pour compléter les 30 ans, afin d'obtenir la somme dont le traitement doit monter annuellement, et multiplier cette somme par le nombre effectif d'années de service.

Ainsi (tableau *H*), si cette *portion ascendante* est de 100 fr., ce chiffre divisé par les 30 ans (*si c'est un débutant*) fait monter cha-

(1) 35,000 fr. pour 20,000 fr.; 18,500 fr. pour 10,000 fr., etc.

que année le traitement de........................ 3, 33

Pour 200 fr., de.............. .... 6, 67

Pour 100 fr., de... .... 33, 33

Si l'employé a dix ans de service, ce chiffre, multiplié par les 3, 33, porte la portion ascendante de 100 fr., *à cette époque, à.* 33, 33

Pour 200 fr., à................................ 66, 67

Pour 1,000 fr., à.............................. 333, 33,etc.

Comme chaque traitement, du reste, doit se composer de la *portion fixe et invariable* formant le *minimum,* et de la *portion ascendante et variable* formant le *maximum*, il faut, pour avoir la totalité du traitement, réunir toujours les deux portions.

Ainsi, pour un traitement de 1,200 fr. et 10 années de service, la portion invariable ou *minimum* étant de.................. 600 fr.

La portion variable de 600 fr.........................

Ou 20 fr. par an (600 fr. divisés par les 30 ans à compléter), et pour les 10 ans de service, de......................... 200

Le montant du traitement à ces 10 années sera de....... 800 fr.

Pour un traitement de 3,000 fr., et 15 ans de service, le *minimum* invariable étant de.................................. 1,600 fr.

La portion variable ou ascendante de 1,400 fr..........

Ou 46 fr. 67 c. par an, et pour les 15 ans, de........... 700

Le montant du traitement à ces 15 ans serait de....... 2,300 fr.

Au lieu de services dans le même grade et emploi, et avec le même traitement, comme dans les cas ci-dessus, si l'employé *était monté* ou *montait à un grade, emploi et traitement supérieurs*, il faudrait diviser la portion ascendante du traitement, non plus par 30 ans, mais par le nombre d'années à parfaire pour les compléter, ainsi qu'on l'a vu plus haut (page 40). Alors, dans un traitement de 2,500 fr., les 1,200 fr. de portion ascendante pour l'employé ayant 10 ans de service seraient divisés par les 20 années à compléter, et le feraient monter annuellement de 60 fr.;—à 15 ans de service de 80 fr., etc.

Le nouveau système permet donc, en effet, d'établir et de vérifier le taux des traitemens aussi facilement qu'avec des traitemens fixes.

Révision et paiement, tous les trois ans, de l'augmentation progressive des traitemens.

Les difficultés doivent, d'ailleurs, se réduire encore par la disposition qui fait retrancher les centimes du chiffre des traitemens, en élevant ou abaissant la somme jusqu'au franc, selon que le nombre de centimes est au dessus ou au dessous de 50 (1), et celle d'après

(1) Toute fraction se trouverait, d'ailleurs, naturellement supprimée par l'adoption du paiement *triennal* qui fait monter régulièrement tous les traitemens de 10 fr. par 100 fr.

laquelle l'augmentation annuelle ne doit s'effectuer et profiter aux fonctionnaires et employés que par une révision, soit *quinquennale*, soit *triennale*.

Par ce moyen, comme on l'a déjà fait observer, on ne diminue pas seulement la variation dans le taux des traitemens (ainsi que le nouveau système cherche aussi à le faire autant que possible) en réduisant ainsi la dépense trentenaire par 100 fr., soit à 1,842 fr. 64 c., au lieu de 2,177 fr. 14 c. (1) (tableau *A A*), soit à 1,807 fr. 38 c., au lieu de 1,956 fr. 03 c. (2) (tableau *A*) ; on peut élever de plus de deux ou trois fois le taux des traitemens et des pensions.

En opérant seulement *tous les cinq ans* le paiement de l'augmentation annuelle des traitemens, on obtient, sans doute, un peu plus d'économie d'argent et de travail de révision qu'en l'effectuant *tous les trois ans:* mais, puisqu'en définitive, les millions économisés devraient tourner au profit des fonctionnaires et employés, et servir à augmenter les traitemens; que, d'autre part, il en restera encore assez pour couvrir les dépenses spéciales que peuvent réclamer, sous ce rapport, quelques services, n'est-il pas plus naturel et plus juste d'accorder de fait cette augmentation et dans une proportion déjà toute établie en la faisant payer tous *les trois ans au lieu de tous les cinq ans* (3)?

Préparation et approbation par le gouvernement des diverses Réorganisations.

Le gouvernement qui a seul les connaissances d'ensemble et de détail indispensables à un semblable travail devrait être et se trouve aussi chargé (par l'art. 11) de faire préparer par les divers Ministères la conversion des traitemens et les organisations prescrites par l'article 6, et, après les avoir soumises au conseil d'État pour les ramener autant que possible aux mêmes bases et dispositions, d'en faire l'objet d'ordonnances royales insérées au *Bulletin des Lois*, et réunies, en outre, en forme de collection générale, pour en faciliter et étendre la publicité.

Conditions exigées pour que le nombre et le taux des traitemens puissent être modifiés.

Pour que les économies et avantages du système subsistent, il ne faut pas, toutefois, que le nombre des fonctionnaires et employés, ainsi que le taux de leurs traitemens, puissent s'accroître à volonté et sans limites.

C'est dans ce but, et pour mettre à profit l'occasion d'appliquer partout les principes de toute bonne administration, comme de toute demande de crédits aux Chambres, que, dans la révision générale

---

(1) A l'intérêt à 4 p. 0/0 et paiement quinquennal.

(2) A l'intérêt à 3 p. 0/0 et paiement triennal.

(3) Ainsi que le proposerait, aussi, plus particulièrement le projet dont ce mode facilite, d'ailleurs, l'exécution en faisant monter régulièrement tous les traitemens de 10 f. par 100 f., et en supprimant, par suite, toute fraction de franc.

des diverses organisations à opérer, conformément aux dispositions du nouveau système, non-seulement le nombre de ces fonctionnaires et employés et le montant des traitemens doivent être fixés, mais encore ne pouront être modifiés et augmentés ultérieurement, de manière à dépasser les allocations accordées, sans que la nécessité en ait été préalablement établie par ordonnance royale délibérée en Conseil des Ministres, et le supplément de crédit obtenu des Chambres.

Au moyen des surnuméraires non rétribués, dont le nombre peut être, mais seulement provisoirement, augmenté (et toujours, du reste, avec une extrême réserve), comme en prélevant, aussi, sur les économies dues au système, et en portant au budget, indépendamment du montant des traitemens ordinaires, une somme spécialement destinée à pourvoir aux dépenses des travaux extraordinaires, gratifications, indemnités, etc. (1), ce système concilie aussi les principes ci-dessus rappelés avec la nécessité de laisser toujours au gouvernement toute latitude pour apprécier les besoins du service et y pourvoir convenablement et régulièrement.

Etablissement de Conseils d'administration dans tous les services et leurs attributions.

A l'instar de plusieurs Ministères (2) et Directions générales (3), qui ont depuis plus ou moins long-temps reconnu tous les avantages de cette institution dans l'intérêt du service, et pour mieux échapper aux recommandations peu méritées, comme dans le but de faciliter et régulariser, autant que possible, l'application du nouveau système, l'article 14 établit près des Ministres, Directeurs-généraux et chefs de service dans les Départemens (et les arrondissemens qui en sont susceptibles), des *Conseils d'administration* qui doivent être consultés, ou intervenir, dans les limites de leurs attributions, en ce qui concerne, notamment, la révision triennale des traitemens, la délivrance des certificats constatant les années de service, l'examen ou la présentation des candidats aux emplois vacans, les mises à la retraite, le règlement des pensions, les congés, indemnités, encouragemens, blâmes, révocations et autres dispositions relatives au service, ainsi qu'aux objets divers sur lesquels leur avis pourrait être jugé utile, et provoqué par les chefs d'administration.

Indépendamment d'une précieuse coopération pour ces derniers, ces *Conseils* offrent donc aux fonctionnaires et employés une nouvelle et heureuse garantie que leurs services, leurs droits, leurs réclamations, leur défense seront constamment soumis à une paternelle et impartiale appréciation, et ils remplacent, au moins, pour eux, autant que le permet notre état politique, les juges que l'ad-

(1) Telle que celle de 60,000 fr. déjà portée, pour cet objet, au ministère des finances.
(2) Telle que ceux de la guerre, de la justice, etc. (Pièces justificatives, page 96.)
(3) Telles que celles des douanes, de l'enregistrement, des contributions indirectes, etc. (Pièces justificatives, page 91, etc.)

ministration Prussienne et Allemande a pu si dignement laisser à ses agens dans les tribunaux ordinaires.

Règlement général pour tout ce qui concerne le service de ces Conseils d'administration à rédiger également par le gouvernement.

En chargeant encore le gouvernement de préparer et arrêter, sous forme de règlement d'administration publique délibéré en Conseil d'État, le travail relatif à l'organisation, aux attributions et au service de ces conseils, le projet continue, du reste, de séparer soigneusement ce qui doit rester du domaine de la loi, et ce qui, concernant l'exécution et exigeant une parfaite notion de tous ses détails, est plus convenablement réglé par ordonnance et par le gouvernement.

Exécution simple et facile du nouveau système.

Mais les révisions triennales et les variations qui doivent même résulter annuellement de la fixation des traitemens d'après les années de service, ne rendront-elles pas l'application du nouveau système plus compliquée et moins facile que celle du mode actuel (1)?

Dans ce mode actuel, il ne faut pas seulement modifier, aussi, constamment le taux des traitemens d'après l'avancement, comme on le ferait d'après les années de service ; il faut, de plus, et chaque mois, établir les diverses retenues imposées à tous les traitemens ; il faut, chaque mois (2), établir le décompte des remises pour les receveurs, percepteurs et autres fonctionnaires auxquels il en est accordé, etc. En supprimant toutes les retenues, et réunissant, au moins en très grande partie aux traitemens, le montant des remises, le nouveau système doit donc aussi, réellement, réduire extrêmement le travail, le simplifier même, en faisant servir les cadres mensuels à la vérification constante des traitemens (tableau *I*), et, dès lors, offrir dans l'exécution autant d'avantages que sous tous les autres rapports.

Mode de transition de l'ancien au nouveau système.

Si le nouveau mode de traitement est d'une facile application pour une administration à *créer*, pourra-t-il s'appliquer également, et sans sucroît de dépenses, aux anciennes administrations où les traitemens actuels ne sauraient être abaissés au *minimum* nécessaire pour compenser leur élévation à un *maximum* supérieur ?

Ce problème dont la solution paraît, en effet, assez difficile, se résout cependant, aussi, parfaitement et fort simplement.

A quelques exceptions près qui doivent disparaître par la révision générale à opérer, le taux des traitemens étant le même dans chaque classe ou emploi, il ne faut que prendre ce même taux pour

(1) Et dans un pays où l'intérêt public est trop souvent sacrifié aux convenances des fonctionnaires et employés, ainsi qu'aux difficultés d'exécution, cette question est, peut-être, une des plus importantes à résoudre.

(2) Ou, tout au moins, chaque trimestre.

le *maximum* de la classe dans laquelle on laissera et maintiendra provisoirement tous les titulaires, et ne les faire monter dans la classe supérieure résultant du nouveau *maximum*, qu'autant qu'une ou deux vacances au plus, avec remplacement selon le nouveau *minimum*, fourniront les fonds nécessaires à ce *maximum* supérieur.

Ainsi, par exemple, un traitement fixe de 15,000 fr. étant converti en deux classes, l'une de 11,000 à 1,500 fr., l'autre de 14,000 à 20,000 fr., les titulaires actuels seraient tous placés dans la deuxième ou plus basse classe. L'un d'eux venant à se retirer, et son remplaçant n'ayant plus que le *minimum* de cette classe, ou....... 11,000 fr.

Cette vacance offrirait une économie *annuelle* de 4,000 }
Une seconde vacance, une économie de....... 4,000 } 8,000 (1).

Et, par conséquent, tous les moyens de pourvoir à la fois au paiement de la pension du retraité et du montant de l'avancement.

Par ce mode d'admission au nouveau *maximum* des traitemens seulement au fur et à mesure des ressources fournies par les vacances, comme par la facilité, aussi, de n'appeler à la première classe que le tiers ou le quart des fonctionnaires, la transition du système actuel au nouveau peut donc, en effet, s'opérer aisément, et sans rien ajouter aux charges du trésor.

EMPLOI DES ÉCONOMIES OBTENUES

A L'AMÉLIORATION DES TRAITEMENS INSUFFISANS ET DES SERVICES A COMPLÉTER.

D'après les grandes économies que présente le mode proposé, on pourra aussi profiter de la révision générale des traitemens qu'exige sa mise à exécution, pour augmenter ceux de ces traitemens qui sont et resteraient encore insuffisans, et graduer, aussi, plus convenablement quelques fonctions.

Traitement des Juges.

On convient, en effet, généralement, que le traitement des juges n'est pas en rapport avec le rang qu'ils tiennent dans la société, l'interdiction pour eux de toute affaire et spéculation mercantile, et la haute intégrité qu'il ne leur faut pas seulement pratiquer, mais encore garantir des soupçons que peut provoquer un état de gêne connu.

Commis-Greffiers.

Commis-greffiers.—Les charges du trésor ont également seules empêché jusqu'à ce jour les chambres d'accueillir les réclamations formées par les commis-greffiers des tribunaux.

Juges de paix et Greffiers.

Si, dans les cantons importans, le casuel des juges de paix et gref-

(1) 8,000 fr. d'économie *annuelle* pour payer une pension de 6,000 fr. et un avancement de 5,000 fr., mais qui, ne devant être complété et soldé qu'en plusieurs années, peut ne coûter *annuellement* que 4 à 500 fr.

fiers peut suppléer plus ou moins à l'insuffisance des 800 fr. et 250 fr. de leurs traitemens fixes, il est trop évident que cette insuffisance subsiste dans les pauvres et nombreux cantons où ce casuel n'atteint pas 100 ou 200 fr.; et que partout, en outre, ces frais sont, même trop souvent pour les indigens, un motif de négliger des actes ou des formalités d'un haut intérêt pour les familles et leur état civil.

Curés, Desservans et Vicaires.

Ces observations s'appliquent bien mieux encore aux Curés, Desservans et Vicaires.

Depuis longtemps tous les hommes éclairés, comme les amis de la religion, ont reconnu la nécessité d'améliorer leur position. Sans les élever à celle que la haute intelligence de Napoléon avait projetée pour eux (1), on peut au moins les mettre à portée de faire l'aumône au lieu de la recevoir. Quand le clergé est généralement assez peu rétribué pour ne pouvoir, à défaut de vocations suffisantes, que se recruter dans les classes inférieures, est-on fondé réellement à en exiger toutes les lumières et l'esprit de tolérance qui résultent d'une longue et parfaite appréciation de l'état et des exigences de la société? Qu'on soit donc juste, pour avoir d'autant plus le droit d'être sévère; que les plus faibles traitemens soient au moins portés aux 900 fr. (2) qui pourraient former, dans le nouveau système, un *minimum* de 700 fr. et un *maximum* de 1,300 fr.; et celui des vicaires, aux 400 fr., formant un *minimum* de 300 fr., et un *maximum* de 600 fr. (3).

Cette augmentation peut, d'ailleurs, s'opérer d'autant plus facilement que le nouveau système devant conférer aux Ecclésiastiques comme à tous les autres fonctionnaires recevant un traitement de l'état, la pension dont ils sont privés jusqu'à ce jour, rendrait disponible le million annuellement alloué au budget des Cultes pour remplacer cette pension, et accorder des secours aux Ecclésiastiques infirmes et dans le besoin.

Sous-Préfets.

Le traitement des Sous-Préfets est resté fixé à 3,000 fr. depuis 40 ans, quoique tout ait prodigieusement augmenté depuis cette époque; quoiqu'ils ne puissent faire quelque bien sans de continuels déplacemens et de fréquentes réunions, de fréquens rapprochemens des notabilités et influences locales qui peuvent y concourir; quoiqu'ils soient, enfin, obligés de dépenser deux et trois fois

---

(1) Ainsi que le rapporte le Mémorial de Ste-Hélène.

(2) Ces traitemens sont aujourd'hui fixés à 800 fr.

(3) Il paraît exister dans les grandes villes des vicaires sans aucun traitement du trésor et rétribués seulement par les fabriques. Si on voulait conserver cette exception, au moins faudrait-il qu'en adoptant aussi le nouveau système (non moins avantageux, d'ailleurs, pour elles et toute administration quelconque de l'État), ces fabriques assurassent à ce genre de vicaires la même rémunération et la même pension.

plus que cette allocation, sans autre perspective *qu'une* Préfecture pour *six* Sous-Préfets.

Pour que l'homme de mérite, sans fortune, puisse désirer, remplir et conserver utilement pour le pays et pour sa propre famille, un pareil emploi, il faut donc en faire une carrière indépendante de l'avancement à l'emploi de Préfet, et suffisante à une modeste ambition; la diviser au moins en deux classes, l'une de 3,000 à 5,000 fr., l'autre de 4,000 à 6.000 fr.; outre les frais de représentation attachés à quelques résidences plus dispendieuses.

Maîtres des requêtes, Conseillers d'État.

Par les mêmes motifs d'insuffisance, proportionnellement aux exigences du rang et de la résidence, ainsi qu'au peu d'avenir souvent réservé à ces fonctionnaires, le traitement de Maître des requêtes en service ordinaire, pour ne pas écarter l'homme de talent peu aisé, ne devrait-il pas aussi être augmenté et réparti en deux classes?

Lorsque, dans plusieurs administrations, des sous-chefs de bureau sont appointés à 6 et 7,000 fr., des chefs de bureau à 9,000 fr., des chefs de divisions et directeurs à 15 et 20,000 fr., est-il convenable de réduire les Maîtres des requêtes et Conseillers d'état, les deux plus hauts dignitaires de l'administration, à 5,000 et 12,000 fr.; de telle sorte que les Préfets à traitemens de 15, 25 et 30,000 fr. n'en obtiennent plus qu'un de 5,000 fr. en devenant Maîtres des requêtes en service ordinaire (1)!

Présidens des Cours royales, Juges des Cours souveraines.

Est-il convenable que les traitemens des Présidens de Cour royale soient bornés à 3,700 fr. et 4,000 fr.? ceux des membres des Cours souveraines, que leurs fonctions et leurs lumières appellent naturellement aux honneurs de la Pairie, à 12 et 15,000 fr., etc., etc.?

Ministres d'État.

Est-il convenable encore, non d'après des théories ou des exemples emprûntés à d'autres temps, à d'autres pays, mais d'après nos mœurs, notre état social actuel, que celui qui a tenu le premier rang dans le gouvernement; qui est devenu dépositaire de tous les secrets de l'État, en cessant d'être Ministre, soit exposé à descendre à une existence peut-être plus que modeste? Est-il juste même qu'après avoir sacrifié parfois son état, sa fortune, au vœu de ses concitoyens, aux intérêts de sa patrie, il puisse en être un jour réduit à regretter son dévouement ou son désintéressement?

---

(1) Ce qui, du reste, ne fait que prouver d'autant mieux l'organisation peu rationnelle du Conseil d'État où, pour allier utilement à la théorie la pratique des affaires indispensable à une décision juste et exécutable, les Auditeurs devraient passer Sous-Préfets, les Sous-Préfets Maîtres des requêtes, ces derniers, Préfets, et les Préfets, Conseillers d'Etat.

Pour que les emplois publics et, surtout, les hautes fonctions ne soient pas uniquement le partage de la fortune et deviennent *réellement* accessibles au mérite probe et peu aisé, qu'à des conditions de capacité, de moralité et de bons services, se joigne une suffisante rémunération; pour mieux flétrir les ambitions désordonnées, pour mieux refuser le *superflu*, qu'on donne au moins le *nécessaire*, ce qu'exigent le rang, le service, la résidence des fonctionnaires et employés; que la France ne soit plus, de l'aveu général, le pays où ces Agens sont le plus mal rétribués et le plus dépourvus de garantie de stabilité, d'avancement et d'avenir, comme de la confiance et de la considération des populations!

Cette augmentation générale des traitemens et des pensions, de manière à les mieux proportionner au renchérissement survenu depuis leur première fixation; cette amélioration spéciale, soit de la position de quelques fonctionnaires (1), soit de l'organisation relative à quelques emplois, personne, sans doute, n'en méconnaît la justice, la nécessité, ou tout au moins, l'utilité: la seule mais irrésistible objection qu'elles ont soulevée jusqu'à ce jour, c'est celle du défaut de ressources, celle de l'impossibilité d'ajouter en ce moment aux charges de l'état, pour y satisfaire. Mais cette objection est désormais anéantie; non-seulement le système proposé procure au trésor cet immense avantage si longtemps cherché et inespéré de le mettre à l'abri de toute nouvelle subvention pour les pensions, mais encore il ne lui demande rien pour augmenter de moitié tous les traitemens et pensions, et pour payer les pensions à venir.

Il doit même de plus, d'une part, le dégrever successivement et finalement des 65 millions qu'elles lui enlèvent actuellement chaque année; d'autre part, y ajouter encore annuellement une économie de plusieurs millions.

Il ne faut donc plus véritablement que *vouloir* pour réaliser et même étendre les améliorations précitées; et, certes, la part du trésor serait encore assez belle dans ces 65 millions de pensions annuelles dont il doit être successivement déchargé, pour que les autres économies qui doivent résulter du nouveau système fussent toutes consacrées à cette œuvre de justice et de tardive réparation.

Organisation et traitement à fixer seulement définitivement par la première révision triennale de janvier 184.

C'est, aussi, dans ce but que l'article 66 du projet de loi réserve et ajourne à la première révision qui suivra l'organisation, la fixation *définitive* des traitemens, afin que l'expérience ait permis de connaître parfaitement, et utiliser dans l'intérêt des fonctionnaires et employés, la totalité des ressources qui pourront provenir de ce nouveau mode d'organisation et de rémunération.

---

(1) Dont les indications ci-dessus sont loin, du reste, de limiter le nombre.

AVANCEMENT.

L'avancement, sous le rapport pécuniaire, s'opérant *dans chaque classe et grade*, d'après *l'ancienneté* de service, permet d'autant mieux d'accueillir et favoriser aussi la *capacité*, et *de laisser tous les emplois au choix.*

D'après les dispositions adoptées par un grand nombre d'administrations, et qu'il ne peut être qu'avantageux de consacrer et de généraliser, l'avancement de classe ou de grade dans chaque emploi ne peut avoir lieu qu'après au moins *une année de service* dans la classe ou le grade immédiatement inférieur, et *deux années* pour l'avancement d'emploi (1).

Les choix semblent devoir se faire sur une liste de candidats, ou sur l'avis au moins des Conseils d'administration.

Le premier mode, peut-être, pourra paraître restreindre l'action, et par suite la responsabilité ministérielle.

L'utilité de cette présentation de candidat est pourtant elle-même si bien sentie, qu'elle se pratique déjà *de fait* dans presque tous les services, et que, consacrée ainsi par l'usage, elle l'a même été également par plusieurs dispositions anciennes et nouvelles du gouvernement lui-même, notamment l'art. 7 de l'ordonnance royale du 31 octobre 1839, relative aux percepteurs des contributions directes (2).

On pourra objecter encore que cette présentation, en général, purement facultative et à la volonté des Ministres, n'est par suite, aussi, nullement obligatoire pour eux, et que fournis, d'ailleurs, par les chefs de leur administration, par leurs agens naturels, ces simples renseignemens n'ont rien du caractère que semblerait offrir l'intervention des Conseils d'administration.

Les dispositions qui ont attribué *de droit à l'ancienneté* une partie de l'avancement dans les armées de terre et de mer empiètent, sûrement, bien autrement sur le principe qui confère au gouvernement la nomination à tous les emplois publics; mais dans ce cas,

---

(1) Cette disposition est déjà généralement prescrite, mais non toujours exactement observée. (*Voir* les pièces justificatives, page 96, etc.)

(2) *Voir* les pièces justificatives, page 101.

comme dans les présentations de candidats prescrits par l'ordonnance précitée du 21 octobre 1839 et autres, le gouvernement lui-même a été le premier à reconnaître que pour exciter et entretenir l'émulation, il ne suffisait pas de l'intention personnelle du Ministre de baser uniquement l'avancement sur les services et la capacité; que cette intention étant malheureusement trop exposée à être trompée et égarée avait besoin d'être éclairée et protégée par des garanties plus à l'abri de l'erreur, de l'influence de la faveur et de l'obsession des solliciteurs.

C'est donc dans le même but, et en généralisant, d'ailleurs, simplement ce qui se pratique déjà depuis long-temps fort avantageusement par plusieurs administrations publiques dont l'organisation est justement citée comme modèle (1), que les Conseils d'administration seraient appelés à présenter des candidats pour les emplois vacans.

Cette présentation pourrait avoir lieu, soit selon la forme ordinaire, sauf à étendre de 3 à 6 ou à 9 le nombre des candidats selon l'importance des services, soit en réservant le choix parmi les candidats des Conseils des départemens, comme parmi ceux présentés par les Conseils d'administration du Ministère ou de la Direction générale *sur l'ensemble du service*, soit, enfin, en faisant former, chaque semestre, par ces derniers Conseils, une liste double ou triple du nombre des vacances présumées, et d'après laquelle devraient être faites toutes les nominations selon le mode déjà suivi par les directions générales des douanes (2) et des contributions indirectes (3).

Avec une pareille latitude et quand les Conseils d'administration seraient composés des principaux chefs des différens services désignés ou nommés eux-mêmes par les Ministres ou Directeurs généraux; quand les fonctions supérieures ou qui se rattachent à la politique, et à l'égard desquelles intervient déjà ou pourrait intervenir le Conseil des Ministres, se trouveraient exceptées (article 21) de cette formalité de candidature, quel inconvénient pourrait-elle réellement entraîner?

D'après une trop longue et trop fâcheuse expérience, et dans *l'intérêt même des Ministres*, plus encore que dans celui du service et des fonctionnaires et employés, n'importerait-il pas essentiellement de concilier cette latitude nécessaire à l'action et à la responsabilité ministérielle avec le besoin aussi de les défendre contre les importunités et les exigences des solliciteurs?

Dans le cas où ce système de candidature serait cependant absolument inadmissible, au moins pourrait-on exiger l'avis préalable

---

(1) Telles que celles des douanes, des contributions directes et indirectes, etc.
(2) Pièces justificatives, page 99.
(3) Id. page 98.

des Conseils d'administration, ainsi que le prescrit l'ordonnance royale du 30 décembre 1816 (1).

La rédaction du règlement général sur cette matière étant confiée, du reste, d'après ces bases, au gouvernement et au Conseil d'état, leur concours ainsi que celui des conseils d'administration ne peuvent sûrement qu'écarter toute difficulté et tout inconvénient relativement à cette importante et délicate partie du système.

MESURES DISCIPLINAIRES.

Plusieurs administrations (2) ont reconnu la nécessité d'offrir aux fonctionnaires et employés quelques gages de stabilité, quelques garanties contre l'erreur ou la faveur, et, par des règlemens ou même des ordonnances royales (3), ont prescrit diverses formalités pour l'application des mesures disciplinaires, et fait intervenir utilement à cet effet les Conseils d'administration.

Le projet satisfait donc à un besoin véritable, et autant que le comporte encore notre état politique, en réunissant et coordonnant ces dispositions, pour en généraliser l'application, et les fonctionnaires et employés ne seront, du moins, plus exposés à être révoqués ou punis, sans avoir été prévenus et entendus dans leur moyen de défense.

Au moyen des exceptions que motive la nature de quelques fonctions et de la rédaction, par le Ministère de la justice, du règlement général sur cette matière, tous les intérêts se trouvent encore pleinement conciliés.

RETRAITES ET PENSIONS.

En adoptant et conservant presque toutes les dispositions proposées par le travail si remarquable de la Commission chargée de l'examen du dernier projet de loi sur les pensions, le nouveau projet a pu, cependant, heureusement, en supprimer ou améliorer aussi quelques-unes dans l'intérêt des fonctionnaires et employés.

Ainsi, comme la Commission, il confère aux fonctionnaires et employés ayant trente années de service, le droit de demander et obtenir leur retraite et la pension qui y est attachée, comme aux Conseils d'administration le droit de la provoquer dans l'intérêt du service ; mais *il étend ce droit à la pension à tous les fonctionnaires et employés qui reçoivent un traitement annuel de l'état*, par conséquent, aux membres du clergé et tous autres qui en étaient privés

(1) Pièces justificatives, page 96.

(2) Notamment celle de la guerre qui peut servir de modèle sous presque tous les rapports, celles de la justice, des domaines, des douanes, des contributions indirectes, etc. (Pièces justificatives, page 96, etc.)

(3) Pièces justificatives, page 96, etc.

jusqu'à ce jour par une distinction non pas seulement peu juste et fort préjudiciable pour eux et pour le service, mais encore qui atteint et frappe surtout, parmi les ecclésiastiques, les plus charitables et les plus méritans.

Par cette mesure, d'ailleurs, ainsi qu'on l'a déjà vu plus haut, on économise encore le million qui était annuellement accordé pour suppléer (bien imparfaitement) à ces pensions, et qui peut servir à améliorer les traitemens les plus insuffisans.

En considérant que ce qui constitue, en principe, les titres des fonctionnaires et employés à la gratitude et la rémunération de l'état, ce sont uniquement les services, le projet supprime toute condition d'âge pour la pension.

Il réduit également les 30 années de service à 25 pour les fonctionnaires et employés du service actif, ainsi que pour les fonctionnaires même du service sédentaire placés dans une classe exceptionnelle par la nature politique et difficile de leur emploi, et qui, par l'instabilité de ces fonctions, semblent mériter la même faveur.

Pour conserver, néanmoins, autant que possible, l'uniformité dans les bases et calculs des années de service, il les maintient à raison de 30 années, et fait seulement compter celles du service actif pour un cinquième en sus dans la liquidation de la pension.

Il dispense aussi de cette condition de 25 et 30 années de service, le titulaire reconnu hors d'état de continuer ses fonctions par suite de blessures ou infirmités occasionnées par le service public.

Enfin, il autoriserait à admettre à la pension, après seulement 15 années de service, les sous-officiers de l'armée, ayant contracté un nouvel engagement d'au moins 7 années.

En voyant ces sous-officiers, rebutés par les 30 années de service exigées actuellement pour la pension, se retirer du service et priver l'armée d'un de ses plus précieux élémens, le ministère de la guerre a cherché, dit-on, vainement depuis longtemps, le moyen de les conserver, en abrégeant pour eux le temps voulu pour la pension ; peut-être le nouveau système pourrait-il offrir le moyen de réaliser ce vœu, en utilisant et employant la haute-paye accordée après les 8 années de service, et les sommes qui pourraient être versées par les familles pour les remplacemens dont se chargerait le gouvernement dans leur intérêt et celui de l'armée si compromis par le système actuel.

Ainsi qu'on l'a vu, le remplacement d'un fonctionnaire ou employé admis à la retraite avec pension, quand il atteint le *maximum* du traitement, n'ayant lieu qu'avec le simple *minimum*, non-seulement permet de payer la pension, mais encore laisse disponible un excédant presque double (1) du traitement du retraité.

On peut objecter, sans doute, que cette économie ne doit subsis-

(1) Un quart moins du double.

ter que la première année, et qu'elle se réduit chaque année des 40 fr. dont monte, en terme moyen, le traitement du remplaçant (1). Mais si cette augmentation entraîne, en effet, pendant les 12 à 15 ans que peut, en moyenne, durer la pension, et à raison de 1,291 retraités par an (2), un surcroît de dépense annuelle de 51,600 fr., ce surcroît (3) se trouverait couvert tant par les 200,000 fr. annuellement épargnés par le nouveau mode sur les 2,209 remplacemens opérés par décès, démissions, etc., avant les 30 ans de service (tableau J.), que par les autres économies.

Dans tous les cas, de cette simple combinaison que la *pension est toujours payée par l'excédant du traitement sur le minimum attribué au remplaçant*, il résulte évidemment : que les retraites et la pension pourraient même être accordées plus facilement, à moins de 30 années de service;

Que la provocation d'office des retraites et la suppression de toute augmentation de traitement et pensions après les 30 années de service, ont particulièrement pour objet de favoriser les retraites et d'ouvrir et faciliter la carrière à de nouveaux titulaires ;

Que, non-seulement, le *Trésor se trouve enfin à l'abri de toute nouvelle demande de subvention, pour les pensions*, mais encore qu'on peut se dispenser des retenues sur les traitemens ; de leur prélèvement pendant 15 et 20 ans pour avoir droit à la pension ; de toute moyenne des émolumens pendant les 10 dernières années; de toute réduction dans la pension des veuves et orphelins et autres restrictions soit anciennes, soit du dernier projet de loi.

Qu'il est possible, même, d'augmenter les anciens chiffres et proportions des pensions ; d'adoucir les conditions pour les cas dignes d'intérêt, et, surtout, de simplifier et resserrer encore le travail déjà rédigé lui-même avec tant de clarté et de concision par le rapporteur de la Commission précitée.

En effet, la fixation constante et invariable du taux des pensions à la somme dont le traitement au moment de la retraite excède le *minimum* attribué au remplaçant, fait disparaître totalement toutes les distinctions et difficultés provoquées par la position différente des retraités, comme le simple prélèvement de ces fonds sur la portion *ascendante* et *maximum* des traitemens, rend inutiles toutes les retenues et conditions, pour assurer les ressources nécessaires au paiement de ces pensions.

A part ces deux bases, le projet, du reste, ne fait que reproduire

---

(1) La moyenne des traitemens actuels évalués à 1,500 fr. représentant, dans la nouvelle conversion (faite aux trois quarts pour le *minimum*), un traitement de 2,300 fr., dont 1,100 fr. en *minimum* et 1,200 fr. en *maximum*, ces 1,200 fr., divisés par 30 ans, font monter annuellement le traitement de 40 fr.

(2) Complétant, avec les 2,209 éliminations par décès, etc., les 3,500 vacances annuelles. (Tableau *D*.)

(3) Qui s'élèverait, en moyenne de 12 ans, à 335,000 fr., et en moyenne de 15 ans, à environ 413,000 fr.

toutes les dispositions si heureusement combinées par celui de la Commission pour généraliser et régler tout ce qui concerne l'exécution, tant à l'égard du trésor que des retraités.

En stipulant, aussi, que les rentes provenant des caisses de retraite seront acquises au trésor et annulées, l'art. 58 ajoute, néanmoins, que le montant en sera ajouté annuellement aux chapitre et crédit du personnel des diverses administrations dont ils proviendront.

Il semble juste, effectivement, que ces fonds profitent à ceux qui les ont fournis. Sans doute, ils sont employés, et même généralement insuffisans au paiement des pensions actuelles, et le trésor se trouvera, ainsi, avancer et payer immédiatement ce qui ne deviendra libre et disponible qu'à mesure des extinctions de ces pensions. Mais, outre qu'on ne saurait attendre ces extinctions sans inconvénient, et sans modifier sans cesse le taux des traitemens, le trésor que le nouveau système doit dégrever annuellement de plus de 65 millions de pensions civiles et militaires ne doit pas seulement payer facilement les 200,000 fr. auxquels peut s'élever l'actif de ces caisses de retraite, mais encore, on le répète, consacrer au moins une grande portion des économies du nouveau système à améliorer et fixer, enfin, convenablement la position des fonctionnaires publics et celle des officiers de l'armée.

C'est pour concourir aussi, à ce but, que le projet se termine en rendant applicables aux états-majors, officiers, agens et employés des armées de terre et de mer à traitemens payés par le trésor, toutes les dispositions relatives aux traitemens et pensions, quoiqu'en maintenant dans l'exception qui peut être jugée nécessaire celles qui concernent l'avancement, et dont le projet, d'ailleurs, ne fait, lui-même, que se rapprocher autant que possible.

C'est également pour étendre et généraliser les avantages de ce nouveau système que l'application en est aussi prescrite pour toutes les administrations départementales et communales.

Nécessité de régler également les devoirs des fonctionnaires.

Après avoir, par ces dispositions, établi et constaté *les droits* des fonctionnaires publics et employés, il faudrait sans doute, pour compléter l'œuvre, établir et préciser aussi *leurs devoirs*, qui, jusqu'à ce jour, sont restés pareillement dans le vague et l'arbitraire le plus déplorable. Une loi ou une ordonnance royale qui réglerait également tout ce qui concerne cet important objet serait donc encore d'une haute utilité, et les difficultés n'en sont pas assez grandes, pour que le bienfait n'en puisse être aussi promptement accordé.

RÉSUMÉ GÉNÉRAL.

Selon le mode actuel, le traitement dans chaque *grade, classe et emploi*, est fixé, dès le principe, et invariablement au même taux.

Tant qu'ils remplissent les mêmes fonctions, un Sous-Préfet reçoit 3,000 fr., un Juge 1.500 fr., etc.

L'équité, l'émulation et l'avenir des fonctionnaires et employés livrés avec la même parcimonie aux charges et aux besoins de la vieillesse, s'élèvent également contre un pareil système.

Si un traitement fixe de 2,000 fr. n'était, *au début*, porté qu'à 1,000 fr., sans arrêter, sûrement, en rien les nombreux postulans fort heureux encore de mettre, comme on le dit vulgairement, le pied à l'étrier, cette retenue de 1,000 fr. permettrait, évidemment, d'accroître d'autant le traitement, et de l'élever, *à la fin*, et sans plus de dépense pour le trésor, jusqu'au taux de.............. 3,000 fr.

Ce qui, par suite, porterait aussi la pension de 1,000 fr. à. 1,500 fr.

Mais, en outre, si l'on tenait compte des intérêts :

Chaque 100 fr. des traitemens *fixes* actuels, à 4 p. 0/0, coûterait au trésor au bout de trente ans (tableau *AA*, n° 1), 5,608 fr. 46 c.

En traitemens *progressifs*, c'est-à-dire montant chaque année graduellement de façon à n'atteindre ce taux de 100 fr. qu'au bout des trente ans (même tableau, n° 2), ces 100 fr. reviendraient seulement à.................................... 2,177 fr. 14 c.

Si même l'augmentation annuelle des traitemens, au lieu d'être payée chaque année aux fonctionnaires, ne l'était que tous les cinq ans ou trois ans, les 100 fr.,

Pour les *cinq ans*, ne passeraient pas 1,842 fr. 64 c. (même tableau, n° 3), ou trois fois et 4/100 en moins (1);

Pour les *trois ans*.................... 2,001 fr. 74 c. (n° 4), ou deux fois et 80/100 en moins (2).

Avec le montant d'un traitement *fixe* actuel, on pourrait donc élever de deux fois et 80/1000 à trois fois et 4/100 celui d'un traitement *progressif*.

En conservant, même, comme *minimum fixe* une portion des

---

(1) 5,608 fr. 46 c., divisés par 1,842 fr. 64 c., donnent, en effet, une somme de 304 fr.

(2) 5,608 fr. 46 c., divisés par 2,001 fr. 74 c., donnent également 280 fr.

traitemens actuels, par exemple, les *trois quarts*, l'autre *quart*, ainsi triplé, *suffirait* encore pour élever le *maximum* au double de ces trois quarts, c'est-à-dire, le traitement *de moitié*, et la pension d'autant.

Dans le système actuel, cette augmentation des pensions serait, sans doute, loin d'être regardée comme un avantage par le trésor ; mais en remplaçant, selon le nouveau mode, le retraité qui aurait atteint le *maximum* du traitement par un rentrant au simple taux du *minimum*, non-seulement la pension se trouve payée avec la portion ainsi économisée, mais encore, par l'effet du remplacement successif dans les différens degrés de l'emploi (tableau *E*), on obtient, même, une autre économie qui peut excéder de *trois quarts* le montant du traitement du retraité (68,000 fr. pour 40,000 fr.).

En la bornant, simplement, au montant du traitement, cette dernière économie doit évidemment équivaloir, au bout des trente ans fixés pour la retraite, *au montant des traitemens au maximum de tous les fonctionnaires et employés rétribués par le trésor*, c'est-à-dire aux 150 millions auxquels s'élèverait ce *maximum* d'après la conversion (opérée aux trois quarts) des *traitemens actuels*, ou, par année, à .... 5,000,000 fr.

Et comme, en outre, par le fait des décès, démissions, révocations, etc., près des deux tiers de ces fonctionnaires (2,209 sur 3,500) sont remplacés avant les trente ans, ce serait donc une économie, dans ces trente ans, des deux tiers des 150 millions, c'est-à-dire 100 millions, donnant pour chacune des trente années 3,300,000

Enfin, au lieu de percevoir annuellement en traitemens fixes une moyenne de 1,500 (1), ces deux tiers de fonctionnaires n'en recevant plus en traitemens progressifs qu'une de 1,382 fr. (tableau *D*), procureraient aussi un autre bénéfice de plus de 5,000,000 f., et pour chacune des trente années, d'environ 200,000

Ces diverses économies s'élèveraient donc annuellement au total de .... 8,500,000 fr.

Mais *si l'on calculait l'intérêt à 3 p. 0/0 au lieu de 4*, les 100 fr. de traitement fixe, qui coûteraient au trésor, en trente ans, 4,757 f. 54 c., n'équivalant plus en traitement progressif :

Avec le paiement { quinquennal, qu'à.......... 1,669 fr. 12 c. ou 285 fr.
triennal, qu'à.............. 1,807 38 ou 262

ne suffiraient plus ainsi à *tripler* le traitement progressif.

(1) 100 millions de traitemens annuels, divisés entre 65,000 fonctionnaires, porteraient même cette moyenne à 1,538.

Dans le premier cas, les 15 fr. manquans, ou le vingtième des 300 fr. (tableau *J*), entraîneraient proportionnellement sur les 25 millions, qui, d'après le système, seraient consacrés (sur les 100 millions de traitemens) à former *la portion ascendante*, un déficit de 1,250,000 fr., qui réduirait le bénéfice des 8 500,000 fr. à.. 7,250,000 fr.

Avec le paiement triennal, les 38 fr. de déficit ou le huitième des 300 fr. et des 25 millions, occasionnant une autre perte de 3,100,000 fr., borneraient également l'économie à........................ 5,400,000 fr.

Enfin, si l'on ne tenait aucun compte des intérêts, les 100 fr. de traitement fixe ne revenant, en trente ans, qu'à 3,000 fr.,

et en traitement progressif, avec paiement { quinquennal à 1,266^{f} 67^{c} ou 237 fr.
triennal à 2,360 fr. ou 220 fr. }

le déficit de 63 fr. en produirait un total de 5,200,000^{f}

Abaissant l'économie à........................ 3,300,000 fr.

Et celui de 80 fr., un de............... 6,930,000^{f}

qui la ferait descendre à........................ 1,570,000 fr.

Mais il y a lieu de croire qu'elle serait, en réalité, beaucoup plus considérable, soit parce que les bénéfices ont été réduits de plus d'un tiers dans l'évaluation ci-dessus, soit par le million (1) également épargné par les pensions du clergé, soit, enfin, par les 65 millions de pension dont le trésor doit être annuellement dégrevé.

En appliquant le système également aux armées de terre et de mer, dont les traitemens fixes s'élèvent à 63,500,000 fr., *il y aurait lieu d'augmenter de* 63/100 *les diverses évaluations en bénéfices et en réductions.*

Sous le rapport financier.

La simple conversion des traitemens *fixes* en traitemens *progressifs* fournit donc à la fois le moyen d'augmenter tous les traitemens et les pensions de *moitié* et plus (2) ; de faire payer la pension par le traitement même, et en la fixant simplement et constamment *au montant de l'excédant du traitement sur le minimum réservé au remplaçant;* de *garantir, dès-lors, le trésor de toute nouvelle demande de subvention* pour y satisfaire ;

(1) Alloué au budget pour secours aux ecclésiastiques, à défaut des pensions dont ils sont privés jusqu'à ce jour.

(2) Cette augmentation, qui est de *moitié* en prenant les 3/4 des traitemens actuels pour former le *minimum* des nouveaux traitemens, serait *des deux tiers* en faisant la conversion aux 2/3 pour le *minimum,* et *doublerait* le traitement par la conversion faite *à moitié* des traitemens actuels (tableau *B*).

De le décharger, même, successivement et finalement, des 65 millions qu'il a actuellement à solder annuellement pour cet objet;

D'économiser, en outre, chaque année, pour cet objet, plusieurs millions qui peuvent servir à améliorer les traitemens et les pensions des fonctionnaires et employés qui sont et resteraient encore insuffisans, comme à pourvoir à ce que réclament les besoins et les convenances de quelques services.

On pourra même remarquer avec raison que ces diverses améliorations doivent être d'autant plus faciles et d'autant moins onéreuses, en réalité, que, par l'effet du nouveau système, une augmentation de 100 fr. *à la portion ascendante* et *maximum* d'un traitement, ne coûte véritablement et annuellement au trésor qu'une somme moyenne de 26 fr. 66 c. (1).

Sous le rapport administratif.

D'après les grands et justes principes adoptés par l'Assemblée constituante, tous les services publics se trouvent ramenés à des bases uniformes d'organisation, d'avancement et de rémunération :

Examen et preuve de capacité avant toute admission aux emplois publics;

Traitemens progressifs et proportionnés au service, composés d'une portion *fixe* et invariable formant le *minimum*, et d'une portion *ascendante* dont le montant formant le *maximum* doit toujours être divisé entre le nombre d'années à parfaire par l'employé pour compléter les trente ans exigés pour la pension, de telle sorte que le traitement s'augmente d'autant chaque année, et atteigne toujours le *maximum* à ces trente années.

Avancement : selon deux modes, l'un à l'*ancienneté*, d'après lequel le traitement, dans *chaque classe*, *grade ou emploi*, s'élève aussi au *maximum* progressivement et proportionnellement aux années de service; l'autre, à la *capacité*, et qui laisse la nomination à ces mêmes emplois *au choix du gouvernement*, mais d'après une liste de candidats (ou l'avis préalable, au moins) des Conseils d'administration institués près des différens services.

Mesures disciplinaires. — Révocations, retraites des fonctionnaires et employés, toujours précédées des observations de ces fonctionnaires et employés, ainsi que de l'avis des Conseils d'administration appelés à intervenir, dans les limites de leurs attributions, dans ce qui concerne l'application et les détails du nouveau système, comme à être consultés sur tout ce qui peut intéresser le bien du service.

Telles sont les dispositions déjà, du reste, isolément adoptées et éprouvées par plusieurs administrations (2), qui, en étant coordon-

---

(1) Pour les employés qui arrivent à la retraite, cette moyenne de la progression en 30 ans serait de 40 fr. (voir la note, page 57); mais pour les 2/3 qui n'atteignent pas les 30 ans, elle serait seulement de 20, et en terme moyen total, de 26 fr. 66 c.

(2) Pièces justificat., page 96, etc.

nées et généralisées, paraissent devoir concilier, autant que le permet encore notre état politique, l'intérêt du service avec celui des fonctionnaires et employés; les droits de ces derniers avec la haute direction à conserver par le gouvernement, et, en laissant à son choix toutes les nominations, forceraient d'ailleurs la faveur même à se justifier et légitimer, par les trente années de services, indispensables pour arriver au *maximum* du traitement et de la pension.

Chargé de préparer et de rédiger lui-même, d'après de simples bases générales, et sous forme d'ordonnance et règlement d'administration publique, les diverses instructions nécessaires à l'exécution du système dont il peut seul bien connaître et régler tous les détails, le gouvernement conserve, aussi, toute la latitude désirable pour maintenir et assurer son action, en même temps que son expérience, ainsi que l'intervention du Conseil d'État et des Conseils d'administration, concourent à prévenir ou écarter les abus et les difficultés qui pourraient se manifester.

Sous le rapport et dans l'intérêt des fonctionnaires et employés.

La distinction des deux modes d'avancement, l'un à *l'ancienneté, dans chaque classe, grade et emploi*, l'autre, à la *capacité* et au choix entre des candidats, pour les nominations et avancement à tout grade, classe et emplois supérieurs;

La disposition qui augmente le salaire avec l'âge, les besoins et les services, de manière à porter, au bout de vingt-cinq et trente ans, le traitement et la pension au moins *à moitié* en sus de leur taux actuel;

Celles qui étendent le *droit* à la pension à tout individu recevant directement ou indirectement un traitement *fixe* de l'État, et suppriment toutes conditions d'âge, retenues, moyenne de traitement et autres restrictions;

La coopération, enfin, des Conseils d'administration à tout ce qui concerne les droits, avancement, révocation, retraite, etc., des fonctionnaires et employés, comme à tout ce qui intéresse le bien général du service, doit assurer à ces agens une position, une stabilité, une considération évidemment supérieures à l'état présent, et qui ne peut qu'ajouter également à l'influence de l'administration.

Portés, aussi, par l'amélioration de leur pension à ne plus voir dans *la retraite* une peine et un malheur, ces mêmes fonctionnaires et employés, en la sollicitant, eux-mêmes, comme un avantage, ouvriront et faciliteront, en outre, l'accès des emplois publics à de nouveaux postulans, à de nouveaux défenseurs de l'ordre et de la tranquillité publique.

Sous le rapport de l'exécution.

Le travail exigé par le mode actuel se trouve également simplifié, facilité, et surtout extrêmement réduit par la suppression de toutes les retenues ; la fusion dans le traitement du montant de la majeure partie au moins des *remises* et autres *émolumens éventuels*, et la fixation constante de la pension *au simple excédent du traitement* (au moment de la retraite) sur le *minimum réservé au remplaçant.*

La transition même du mode actuel au nouveau s'opère non-seulement *sans aucune surcharge pour le trésor, ni réduction dans le taux présent des traitemens*, mais encore par le simple passage à la nouvelle et première classe, au fur et à mesure des vacances à survenir, et des ressources fournies par les remplacemens effectués au simple *minimum* au lieu du *maximum.*

Sous le rapport moral et politique.

En remplaçant les tontines et caisses diverses proposées par plusieurs projets pour subvenir au paiement des pensions, le nouveau système ne se borne pas à les simplifier aussi, à les dégager de toutes les conditions onéreuses aux retraités, *il rend et imprime à l'institution le caractère indispensable à la dignité même du Gouvernement, celui de le constituer seul rémunérateur de tous les services rendus à l'Etat*, et de les admettre tous également, et quelle que soit leur nature, à cette rémunération et liquidation de la pension, puisqu'en principe, l'État ne doit, en effet, à cet égard, établir entre eux aucune distinction.

En offrant aux fonctionnaires une carrière assurée et honorable, mais où l'avancement et les salaires supérieurs ne pourront s'obtenir que progressivement, et par de bons et longs services, le système ne procure pas seulement au Gouvernement des agens capables et expérimentés ; ne substitue pas seulement partout le zèle, l'émulation et le dévouement à l'indifférence et au profond découragement des fonctionnaires ; sans arrêter en rien les nobles ambitions, l'essor des véritables talens, il doit dégoûter et détourner des fonctions publiques tous ceux qui les recherchent dans l'espoir d'un avancement et d'une fortune rapides ou supérieurs à ceux que pourrait leur procurer une autre carrière ; il doit soustraire, au moins en grande partie, les membres des Chambres et le Gouvernement aux sollicitations et à leur influence corruptrice ; il doit répondre au moins à l'une des plus graves objections à l'admission des fonctionnaires publics à la Chambre des députés, puisqu'on y pourra profiter de leurs lumières et de leur expérience, sans les exposer à la tentation et au blâme d'un avancement immérité.

Par ces freins naturels, par ces principes à la fois rémunérateurs et s'alliant à une sage et immense économie, le gouvernement intervient enfin, et dignement, autant qu'il est en lui, pour moraliser la société, pour calmer cette fièvre de places, d'ambition et de jouissances qui la dévore ; il présente enfin au pays la meilleure et, peut-être, la seule solution possible de cette grande question dont s'occupent et s'effraient tous les hommes d'avenir, celle de savoir jusqu'à quel point nos mœurs, l'influence des intérêts matériels et la corruption politique plus inhérente encore au système représentatif, peuvent se concilier avec sa conservation et la parfaite appréciation de tous ses avantages par les populations.

Sous ce rapport, le nouveau projet ci-dessus développé ne se bornerait donc pas à satisfaire réellement, et autant que possible, à toutes les parties du programme qu'il s'était proposé dans l'intérêt des fonctionnaires, de l'administration, du trésor et de la morale publique; il aurait encore pour le pays une importance d'un ordre plus élevé, celle de le soustraire peut-être à de nouvelles révolutions, et il y aurait même, ainsi, acte de patriotisme à le lui faire connaître.

Enfin, et cette considération est une de celles qui ont le plus stimulé et encouragé l'auteur de ce travail; celle qui l'a surtout décidé à le livrer à l'impression et à éveiller l'attention publique sur ses immenses conséquences, c'est que *le trésor et les fonctionnaires n'y sont pas seuls intéressés.*

La philanthropie, d'accord avec une sage politique, s'efforce, aujourd'hui, avec autant de zèle que de raison, d'améliorer le sort des classes laborieuses, de les moraliser, et de leur inspirer l'amour de l'ordre et de l'économie, par l'institution des caisses d'épargnes, des caisses de retraite, des associations mutuelles de secours, etc.; mais, est-il une de ces institutions qui puisse aussi facilement, aussi complètement, *sans surcroît de dépenses*, permettre aux grands établissemens particuliers et même aux classes aisées, d'augmenter progressivement et à proportion des besoins de l'âge ou de la famille, le salaire de tous leurs employés, ouvriers ou domestiques, et de leur assurer même cette pension de retraite si difficile à réaliser par tout autre moyen (1)?

En est-il une qui y joigne l'avantage de les intéresser personnellement à la prospérité de ceux dont dépend leur bien-être, et qui, surtout, par la nécessité d'un nombre d'années passées au même service pour obtenir l'augmentation du traitement et la pension, puisse combattre aussi efficacement les coalitions, le vagabondage des ouvriers (2), et ramener et remettre en honneur ces vieux serviteurs devenus si rares aujourd'hui et dont les longs et fidèles services constituaient, pour les maîtres comme pour eux-mêmes, une si noble et si touchante recommandation?

---

(1) Sans les empêcher, d'ailleurs, de profiter aussi des caisses d'épargne pour accroître encore et doubler leurs ressources.

(2) Sauf la formation encore fort probable d'associations, non pas seulement des ouvriers, mais des *maîtres* pour assurer, *dans tous les cas*, à ceux de ces ouvriers dont le livret justifierait la bonne conduite et la capacité, tous les avantages de ce nouveau mode de rémunération.

Sous ce rapport, dans cet intérêt du bien-être et de la moralité des classes laborieuses, non moins important que celui du trésor et des fonctionnaires et employés, le nouveau système offrirait donc également les plus précieuses ressources, le germe le plus fécond de grandes améliorations en tous genres.

Dans tous les cas, en prenant pour épigraphe dans ce travail: FAIS CE QUE DOIS, ADVIENNE QUE POURRA, le but en a été assez indiqué pour qu'il ne reste plus qu'à désirer que tous ceux qui peuvent influer sur sa destinée et celle de la France, adoptent aussi cette devise.

PROJET DE LOI

POUR LE RÈGLEMENT DES TRAITEMENS, AVANCEMENT ET PENSIONS DES FONCTIONNAIRES PUBLICS ET EMPLOYÉS DE L'ÉTAT.

TITRE Ier.

Dispositions Générales.

ART. 1er. A partir du 1er janvier 184 , les traitemens, avancemens et pensions de tous les fonctionnaires et employés, salariés par l'État, soit directement, soit par abonnement avec des chefs de service, seront fixés et réglés conformément aux dispositions de la présente loi, ainsi qu'aux tarifs et tableaux qui y sont annexés.

TITRE II.

Traitement des Fonctionnaires.

ART. 2. Les traitemens et salaires des fonctionnaires et employés précités seront, sauf les exceptions mentionnées à l'état (1), établis en sommés déterminées, et en supprimant et percevant uniquement au profit du trésor toutes les remises et émolumens éventuels qui pouvaient antérieurement augmenter le taux de ces traitemens.

ART. 3. Lors de la révision et règlement à faire à cet effet, il sera tenu compte du montant de ces remises et émolumens éventuels pour la fixation des nouveaux traitemens.

ART. 4. Les frais de représentation qui pouvaient être compris dans les traitemens des Ambassadeurs, Premier Président et Procureurs généraux des cours supérieures et royales ; Préfet, Sous-Préfets, Généraux commandant les divisions et départemens, et autres emplois de ce genre, ainsi que les supplémens de traitement alloués pour le service dans les colonies, en seront également déduits et affectés spécialement à la résidence, de manière à borner le traitement à celui du gradè et de l'emploi en général.

ART. 5. Le traitement dans chaque classe et emploi s'élèvera pro-

---

(1) Le Projet a dû laisser entièrement au gouvernement la désignation de ces exceptions.

gressivement d'un *minimum* à un *maximum* dans la proportion des années de service, c'est-à-dire en divisant toujours la somme complétant le *maximum* par le temps à parfaire pour avoir droit à la pension, de telle sorte que ce *maximum* soit toujours atteint à 30 années de service.

Art. 6. Tous les traitemens antérieurement portés et maintenus à un taux uniforme et constant seront révisés et établis d'après ces bases de *minimum* et *maximum*, et les états annexés, lettre (1).

Art. 7. A l'égard de ceux des emplois des administrations et autres, non spécifiés et réglés par la présente loi, les *minimum* et *maximun* seront combinés de manière que la somme totale des salaires ne dépasse pas leur montant actuel, et établis tant en abaissant le traitement d'un tiers ou d'un quart, pour former le *minimum* et élever proportionnellement le *maximum* (quand le total des traitemens et des employés sera le même pour les diverses classes de l'emploi), qu'en variant le nombre de ces employés dans les différentes classes.

Art. 8. Tous les traitemens au-dessus de 2,000 fr. attribués à un emploi, qui présenteraient une différence de plus de moitié entre le *minimum* et le *maximum*, pourront être répartis en plusieurs classes.

Art. 9. L'augmentation de traitement résultant des dispositions de l'art. 6 ne sera effectuée et payée aux fonctionnaires et employés que par suite d'une révision *triennale* et conforme aux bases établies par l'État (2).

Art. 10. Le chiffre de ces traitemens sera toujours établi en somme ronde, et les centimes seront remplacés par le franc, ou supprimés, selon que le nombre en sera au-dessus ou au-dessous de cinquante.

Art. 11. La conversion et réorganisation prescrites par l'article 6, ainsi que les modifications et augmentations qu'elles pourraient opposer dans quelques natures de traitement, après avoir été préparées par les divers Ministères, soumises au Conseil d'État, et ramenées, autant que possible, aux mêmes bases et dispositions, seront l'objet d'ordonnances royales insérées au Bulletin des lois, et réunies, en outre, en forme de collection générale.

Art. 12. Le nombre des fonctionnaires et employés qui sera fixé par la nouvelle organisation ne pourra être changé ni accru de manière à dépasser les allocations accordées, sans que la nécessité en ait été préalablement constatée par une ordonnance royale délibérée en conseil des Ministres, et le supplément de crédit obtenu des Chambres.

Art. 13. Une somme prélevée sur les économies que procure le nouveau mode d'organisation sera allouée et inscrite séparément au

---

(1) Travail également laissé à l'expérience du gouvernement.
(2) Même observation.

chapitre du personnel des différens services et Ministères, pour subvenir aux indemnités de travaux et autres dépenses extraordinaires du personnel, qui, précédemment, étaient généralement acquittées sur les allocations fixes portées à ce chapitre.

Art. 14. Il sera établi près des Ministères, directions générales et chefs de service dans les départemens et les arrondissemens qui en seront susceptibles, des Conseils d'administration qui devront être consultés ou intervenir dans les limites de leurs attributions, en ce qui concerne la révision et formation triennale des états de traitement, les certificats constatant les années de service, la liquidation des pensions, l'examen et la présentation des candidats, les révocations, mises à la retraite et autres dispositions intéressant le service général ou intérieur.

Art. 15. L'organisation, les attributions et le service de ces Conseils d'administration seront déterminés par un Règlement général d'administration publique, délibéré ainsi qu'il est prescrit à l'article 11.

Art. 16. Lors de la première conversion énoncée à l'article 6, il ne sera apporté aucune réduction au taux actuel des traitemens pour former le *minimum ;* ce taux formera seulement le *maximum* de la deuxième classe dans laquelle seront placés et maintenus les titulaires, jusqu'à ce que des vacances survenues avec remplacement au nouveau *minimum* fournissent les fonds nécessaires pour les faire monter successivement à la première classe, et au *maximum* résultant de la conversion.

Art. 17. Pour les fonctionnaires et employés ayant à cette même époque plus de 26 ans de service, l'augmentation résultant de la nouvelle fixation des traitemens ne pourra dépasser annuellement le huitième de la différence du *minimum* au *maximum*, de manière à ce que ce *maximum* du traitement et de la pension ne soit obtenu que par un supplément d'années de service équivalent.

TITRE III.

Avancement.

Art. 18. L'avancement de classe ou grade, dans chaque emploi, ne peut avoir lieu qu'après au moins une année de service dans la classe ou le grade immédiatement inférieurs.

L'avancement d'*emploi* doit être précédé d'au moins deux années de service dans l'emploi inférieur.

Art. 19. Les nominations seront faites d'après les listes des candidats présentés par les Conseils d'administration.

Art. 20. Le nombre de ces candidats, la forme de ces présentations, comme tout ce qui concerne l'intervention des Conseils précités dans l'intérêt du service général ou intérieur, seront réglés conformément aux dispositions des articles 14 et 15.

Art. 21. Sont exceptées des présentations de candidats, les nominations aux divers emplois se rattachant à la politique, et à l'égard desquels intervient le Conseil des Ministres, qui sont spécifiés dans l'état joint sous la lettre (1).

TITRE IV.

Dispositions Disciplinaires.

Art. 22. Les fonctionnaires et employés non compris dans l'exception énoncée à l'article précédent, qui seraient passibles de mesures disciplinaires et en dehors des cas justiciables des tribunaux ordinaires, ne pourront être abaissés à une position ou à un traitement inférieurs, ni révoqués ou destitués, sans que, selon les circonstances, ils aient été préalablement et infructueusement avertis ; leurs moyens de défense produits verbalement ou par écrit ; une enquête faite, s'il y a lieu, et communiquée ; l'avis des divers Conseils d'administration prononçant comme jury, recueilli et mentionné dans la décision, et cette décision elle-même soumise, selon l'importance des fonctions, soit à l'approbation du Ministre chef du service, soit à celle du Conseil des Ministres.

Art. 23. Un règlement d'administration publique préparé par le Ministre de la justice, et soumis au Conseil d'État, déterminera toutes les formalités à suivre pour cette instruction, ainsi que les autres dispositions disciplinaires qu'il pourrait être jugé utile d'adopter.

TITRE V.

Retraites et Pensions.

CHAPITRE Ier.

CONDITION D'ADMISSION A LA PENSION DE RETRAITE, ET BASES DE LA FIXATION DES PENSIONS.

Section unique.

Dispositions communes à tous les services civils.

§ Ier. — *Des pensions par ancienneté.*

Art. 24. Tout fonctionnaire, employé et autres serviteurs de l'État, jouissant à ce titre d'un traitement sur le trésor, et ayant

(1) Et laissés, aussi, totalement à la désignation du gouvernement.

trente années de service, a droit de demander et obtenir sa retraite, ainsi que la pension qui y est attachée.

Cette retraite peut également être provoquée par les Conseils d'administration, dans l'intérêt du service.

Art. 25. Les trentes années sont néanmoins réduites à 25 pour les fonctionnaires et employés du service actif, et y comptant au moins *quinze* années d'activité, comme pour ceux du service sédentaire désignés par suite de l'article 21.

Elles pourront également être réduites à ans pour les sous-officiers des armées de terre et de mer désignés à l'état (1).

La partie active comprend uniquement les emplois et grades indiqués au tableau également joint sous la lettre (2). Aucun autre emploi ne pourra être ajouté ou assimilé à ceux énumérés dans ces états qu'en vertu d'une loi.

Art. 26. Sera dispensé du temps de service prescrit par les articles 24 et 25, le titulaire qui aura été reconnu hors d'état de continuer ses fonctions par suite et fait de service.

Art. 27. Dans tous les cas, la pension de retraite se composera de l'*excédant du traitement sur son minimum au moment de la cessation du service,* sans pouvoir être inférieure à la *moitié* du traitement total à 30 ans de service, et proportionnellement pour les cas exceptionnels prévus aux articles 34, 35, 36 et 38.

Art. 28. Elle ne pourra néanmoins jamais dépasser *six mille francs.*

Art. 29. Seront admis et comptés pour la liquidation de cette pension tous les services rendus à l'État, dans quel département et à quel titre que ce soit, qui donnent droit à une pension payable par le trésor public.

Art. 30. Les services militaires déjà rémunérés par une pension spéciale concourent avec les services civils postérieurs pour établir les droits à une pension nouvelle. Les deux pensions ainsi obtenues pourront se cumuler jusqu'à concurrence de *six mille francs.*

Art. 31. Les services ne seront comptés que de la date du premier traitement d'activité, sans égard au temps du surnumérariat, et à partir de vingt ans accomplis.

Ceux dans les armées de terre et de mer seront comptés à partir de l'âge spécifié par la loi du 21 mars 1842, pour les enrôlemens volontaires, et celle du 11 mai 1831 sur les pensions de l'armée de mer.

Art. 32. Les services rendus dans les colonies françaises par les fonctionnaires et employés de France seront comptés pour moitié en sus de leur durée effective.

Art. 33. Les services dans la partie active et autres mentionnés

(1) Selon les intentions du gouvernement.
(2) *Id.*

au 1er paragraphe de l'article 25 seront comptés pour un cinquième en sus de leur chiffre réel dans la liquidation de la pension.

§ II. — *Pensions pour blessures ou causes d'infirmité.*

Art. 34. Pourra obtenir pension, quelle que soit la durée de ses services, tout fonctionnaire et serviteur de l'État, qui, par suite de lutte ou combat soutenu dans l'exercice de ses fonctions, aura perdu un membre ou reçu des blessures équivalentes à la perte d'un membre, et qui aura été mis hors d'état de continuer son service et de le reprendre ultérieurement.

Cette pension sera égale à celle qui aurait été accordée pour la totalité des 25 ans de services actifs et 30 ans de services sédentaires.

Art. 35. Pourra également obtenir pension, quelle que soit la durée de ses services, tout fonctionnaire et serviteur de l'État qu'un accident grave résultant de l'exercice de ses fonctions aura mis dans l'impossibilité de les continuer et reprendre postérieurement.

Dans ce cas, les années de service sont comptées double, sans que la pension néanmoins puisse être inférieure à la *moitié* de l'excédant du traitement sur le *minimum*, au moment de la retraite.

Art. 36. Tout titulaire d'emploi, atteint d'infirmités graves, reconnues provenir de l'exercice de ses fonctions, et qui l'auront mis dans l'impossibilité de les continuer, pourra obtenir, à dix années de service et au-dessus, une pension égale à l'excédant du traitement sur son *minimum*, au moment de la retraite.

§ III. *Pensions des veuves.*

Art. 37. Aura droit à la pension la veuve du fonctionnaire et serviteur de l'État décédé, soit en jouissance d'une pension de retraite accordée en vertu de la présente loi ou autres, soit en possession des droits à cette pension, pourvu que le mariage ait été contracté cinq ans avant la cessation de l'activité du mari.

Art. 38. La pension de la veuve sera du tiers de celle dont le mari aura joui, ou à laquelle il aurait pu prétendre.

Elle sera des deux tiers pour la veuve dont le mari aura perdu la vie dans le cas spécifié à l'article 34, ou décédé par suite de l'évènement.

Elle sera de moitié pour les cas prévus à l'article 35.

Dans les divers cas spécifiés au présent article, il suffira que le mariage ait été contracté antérieurement à l'évènement qui aura amené la mort ou la mise à la retraite du mari.

Art. 39. Le droit à la pension n'existe pas pour la veuve, dans le cas de séparation de corps prononcée sur la demande du mari.

La pension s'éteint du jour où la veuve contracte un nouveau mariage.

Art. 40. Nulle pension de veuve ne pourra dépasser 1,500 fr., ni être inférieure à 100 fr.

§ IV. — *Pensions temporaires aux Orphelins.*

Art. 41. Auront droit à pension jusqu'à l'accomplissement de leur seizième année, les orphelins qu'auront laissés le fonctionnaire et autres serviteurs de l'État, morts en jouissance d'une pension de retraite, ou en possession des droits à cette pension, lorsque ces orphelins n'auront pas de mère, ou que la mère sera, pour une cause quelconque, inhabile à recueillir la pension accordée aux veuves par les articles 37 et 38 ci-dessus.

Cette pension sera égale à celle qu'aurait recueillie la veuve, quel que soit le nombre d'enfans entre lesquels elle doit être partagée.

Art. 42. S'il existe une veuve et un ou plusieurs orphelins au-dessus de seize ans, provenant d'un mariage antérieur, il sera prélevé sur la pension de la veuve et sauf réversibilité en sa faveur, un quart en faveur de l'orphelin du premier lit, s'il n'en existe qu'un au-dessous de seize ans, et la moitié s'il en existe plusieurs.

Les pensions temporaires déterminées par le présent article seront distribuées par portions égales entre les enfans qui y auront droit. Chaque portion laissée disponible par l'accomplissement de la seizième année ou le décès du titulaire sera réversible entre les orphelins restans, proportionnellement et jusqu'à extinction successive de leurs droits.

CHAPITRE II.

LIQUIDATION ET CONCESSION DES PENSIONS.

Art. 43. Toute demande en concession de pension devra, sous peine de déchéance, être présentée avec les pièces à l'appui, dans le délai de cinq ans, à partir de l'ouverture du droit. Elle sera adressée au Ministre du département duquel ressortiront les services qui y donneront lieu.

Art. 44. Les pensions seront liquidées d'après la durée des services, en négligeant, sur le résultat final du décompte, les fractions de mois et de franc.

Art. 45. La jouissance de la pension commencera à courir pour le titulaire de l'emploi, du jour de la cessation du traitement d'activité, et, pour la veuve ou les orphelins, du jour de l'évènement qui aura donné ouverture à leur droit.

Néanmoins, l'ayant droit qui aura laissé écouler une année sans former sa demande ou qui, l'ayant formée dans ce délai, n'aura pas produit toutes les pièces justificatives exigées par les Règlemens avant l'expiration de l'année suivante, n'entrera en jouissance de la pension qu'à partir de l'ordonnance de concession.

Art. 46. A partir du 1er janvier 184 , toutes les liquidations de pensions seront soumises, avec l'avis des Conseils d'administration, à l'examen préalable d'un Comité spécial et unique du Conseil d'État.

Chaque ordonnance de concession énoncera cet avis et les bases légales de la liquidation. Les ordonnances seront insérées au *Bulletin des Lois*.

Art. 47. Tout pourvoi contre le rejet ou la fixation d'une pension devra, sous peine de déchéance, être formé dans les trois mois de la notification, soit de la décision du rejet, soit de l'ordonnance de concession.

Art. 48. Un règlement d'administration publique, rendu sur le rapport du Ministre des finances, déterminera les formes dans lesquelles seront justifiées les causes, la nature, les suites et la gravité des blessures ou infirmités pouvant ouvrir le droit à la pension, dans les cas exceptionnels mentionnés aux articles 34, 35 et 36.

Ce règlement déterminera également la forme et la nature des justifications imposées aux prétendans droit à la pension.

CHAPITRE III.

DISPOSITIONS GÉNÉRALES.

Art. 49. Les pensions sont payées par trimestre.

Les arrérages se prescrivent par trois ans.

Si le pensionnaire se présente après trois années, les arrérages ne recommencent à courir qu'à compter du premier jour du trimestre qui suit celui dans lequel sa réclamation a été enregistrée.

Les arrérages échus lors du décès d'un pensionnaire ne pourront être payés à ses héritiers ou ayant cause qu'autant que ce décès aura été déclaré au trésor, dans le délai d'un an.

Art. 50. Les pensions et les arrérages sont incessibles. Aucune saisie ou retenue ne pourra être opérée du vivant du pensionnaire, si ce n'est jusqu'à concurrence d'un *cinquième* pour débet envers le trésor public, et d'un *tiers* pour les causes exprimées aux articles 203, 205, 206, 207 et 214 du Code civil.

Après le décès du pensionnaire, les créanciers peuvent exercer sur le décompte de sa pension les poursuites et diligences nécessaires à la conservation de leurs droits.

Art. 51. Toute pension inscrite en vertu de la présente loi pourra être cumulée avec une autre pension, pourvu qu'il n'y ait pas double emploi de services, et que ce cumul ne dépasse pas le *maximum* de *six mille francs*.

Art. 52. Lorsqu'un pensionnaire sera remis en activité, le paiement de sa pension sera suspendu. Après la cessation de ses fonctions, il pourra rentrer en jouissance de son ancienne pension, ou obtenir, s'il y a lieu, une nouvelle liquidation basée sur la généralité de ses services.

Art. 53. Tout fonctionnaire ou employé constitué en déficit pour détournement de deniers ou de matières, ou convaincu de malversations, perd ses droits à la pension, lors même qu'elle aurait été liquidée et inscrite.

Tout magistrat, fonctionnaire, employé ou serviteur de l'Etat, qui cesse ses fonctions par suite de démission, ou qui en est éloigné par une mesure quelconque avant le temps de service requis, ou qui, avant ce temps requis, est destitué, perd également ses droits à la pension. S'il est remis en activité, son premier service lui sera compté.

Art. 54. Le droit à l'obtention ou à la jouissance d'une pension est suspendu :

1° Par la condamnation à une peine afflictive ou infamante, pendant la durée de la peine;

2° Par les circonstances qui font perdre la qualité de Français, pendant la privation de cette qualité.

La liquidation ou le rétablissement de la pension ne pourra donner lieu à aucun rappel pour les arrérages antérieurs.

Art. 55. Sauf les exceptions spécifiées aux articles 56 et 64, aucune pension civile, à partir du 1er janvier 184 , ne pourra être liquidée en faveur des fonctionnaires, agens ou employés de l'Etat, qu'en vertu de la présente loi.

CHAPITRE IV.

DISPOSITIONS TRANSITOIRES.

Art. 56. Seront pensionnés conformément aux dispositions des anciens règlemens, les magistrats, fonctionnaires et tous serviteurs de l'Etat, qui, au 31 décembre 184 , auront accompli les conditions relatives à l'âge, à la nature et à la durée des services publics exigés par ces règlemens, pour avoir droit à une pension d'ancienneté.

Ceux d'entre eux, même ayant seulement les services et non l'âge requis, qui auront demandé et pris leur retraite avec remplacement, dans le délai de six mois, pourront, néanmoins, être liquidés au *maximum* de la pension fixée par ces mêmes règlemens.

CHAPITRE V.

VOIES ET MOYENS.

Section Ire.

Liquidation des caisses actuelles de Retraite sur fonds de Retenue.

§ Ier. — *Suppression des caisses actuelles de Retenue.*

Art. 57. Les caisses de retraite désignées au tableau ci-annexé sous le n° seront supprimées à partir du 1er janvier 184 .

L'actif de ces caisses sera acquis au trésor public; les rentes qui en feront partie seront annulées.

Art. 58. Une somme équivalente au montant de ces rentes sera néanmoins annuellement ajoutée et inscrite au budget et crédit pour le personnel des différens Ministères et Administrations auxquels elles appartenaient.

§ II. — *Inscription au grand-livre de la dette publique des pensions à la charge des caisses.*

Art. 59. Seront inscrites au grand-livre de la dette publique, à partir du 1er janvier 184 ;

1° Les pensions de retraite existant audit jour à la charge des caisses supprimées par l'article 57;

2° Les pensions de même nature qui se trouveront en cours de liquidation pour services terminés avant cette époque;

3° Les indemnités temporaires liquidées en vertu de l'article 4 de la loi du 1er mai 1822.

Art. 60. Les pensions à inscrire au 1er janvier 184 , en vertu de l'article précédent, sont fixées à la somme de laquelle sera répartie entre les différens départemens ministériels, conformément au tableau annexé sous le n° . Leur inscription aura lieu d'après des états qui seront certifiés et transmis au Ministre des finances par les Ministres des départemens qu'elles concernent. Les états énonceront pour chaque pension la date, la nature et la cause de l'acte qui l'aura constituée.

La portion de ces pensions réversibles aux veuves et aux orphelins sera également inscrite au grand-livre à l'époque où la réversibilité s'effectuera.

Art. 61. Les pensions inscrites en exécution de l'article 60 feront au budget de la dette publique l'objet d'un article spécial.

Art. 62. Le Ministre des finances fera distribuer aux chambres:

1° Dans la session de 184 , l'état récapitulatif par département ministériel, et par distinction de service, des inscriptions opérées en vertu des articles précédens;

2° Dans chacune des sessions suivantes, un rapport sur la situation de cette liquidation à la fin de l'exercice précédent, et l'état indicatif des extinctions et des réversions survenues pendant cet exercice.

Section II.

Des pensions à concéder à partir du 1er Janvier 184 .

Art. 63. Les pensions pour services terminés postérieurement au 1er janvier 184 , auxquelles auraient droit les fonctionnaires, agens, employés et tous autres serviteurs de l'Etat recevant un traitement sur le trésor, auxquels la présente loi est applicable, et mentionnés sur l'état annexé sous la lettre (1), seront inscrites au grand-livre et figureront en dépense au budget de la dette publique en un chapitre spécial, distinct de celui prescrit par l'article 61.

CHAPITRE VI.

DISPOSITIONS EXCEPTIONNELLES.

Art. 64. Continueront d'être liquidées conformément aux dispositions des lois qui les régissent, les pensions accordées :

1° Aux fonctionnaires indiqués sur l'état annexé lettre , et auxquels resteront applicables les lois du 22 août 1790 et décret du 13 septembre 1806;

2° Aux postillons, en vertu de la loi du 3 frimaire an 7;

3° Aux autres pensionnés par des lois spéciales.

Art. 65. Aucune pension, hors les cas prévus par ces lois, ne pourra être concédée que par une disposition législative.

TITRE VI.

Dispositions d'ordre général.

Art. 66. Jusqu'à la première révision et fixation définitive des traitemens qui auront lieu en janvier 184 , il sera rendu compte annuellement aux chambres des résultats que présentera sous le rapport financier, et comparativement à l'ancien système, le nouveau mode de traitement et pensions prescrit par la présente loi.

Art. 67. Les dispositions de cette loi seront applicables à tous les services publics ainsi qu'à toutes les administrations départementales et communales.

Art. 68. Celles qui concernent les traitemens et pensions pourront également être appliquées, par une ordonnance royale, aux états-majors, officiers, agens et employés des armées de terre et de mer à traitement annuel payé par le trésor.

---

(1) Et qui seront désignés par le Gouvernement et les Chambres.

TABLEAU COMPARATIF *A*

Du montant en capital et intérêts composés (annuels), d'une somme de **100** fr. payée pendant 30 ans, soit annuellement ou d'après une simple progression *trentenaire*, soit d'après le paiement purement *quinquennal* ou *triennal* du produit de cette progression.

INTERÊT CALCULÉ A TROIS POUR CENT.

ANNÉES.	N° 1. PAIEMENT ANNUEL DES 100 FR.			N° 2. PROGRESSION TRENTENAIRE.			N° 3. PAIEMENT SEULEMENT QUINQUENNAL			N° 4. PAIEMENT SEULEMENT TRIENNAL.		
	Capital	Intérêts	TOTAL.	Capital.	Intérêts	TOTAL.	Capital.	Intérêts	TOTAL.	Capital.	Intérêts	TOTAL.
1	100	0 »	100 »	» »	» »	» »	» »	» »	» »	» »	» »	» »
2	100	3 »	203 »	3 33	» »	3 33	» »	» »	» »	» »	» »	» »
3	100	6 09	309 09	6 67	» 10	10 10	» »	» »	» »	» »	» »	» »
4	100	9 27	418 36	10 »	» 30	20 40	» »	» »	» »	10 »	» »	10 »
5	100	12 55	530 91	13 37	» 61	34 34	13 33	» »	13 33	10 »	» 30	20 30
6	100	15 93	646 84	16 67	1 03	52 04	13 33	» 40	27 06	10 »	» 61	30 91
7	100	19 40	746 24	20 »	1 56	73 60	13 33	0 81	41 20	20 »	» 93	51 84
8	100	22 99	889 23	23 33	2 21	99 14	13 33	1 24	55 77	20 »	1 56	73 40
9	100	26 68	1015 91	26 67	2 97	128 78	13 33	1 67	70 77	20 »	2 20	95 60
10	100	30 48	1146 39	30 »	3 86	162 64	30 »	2 12	102 89	30 »	2 87	128 47
11	100	34 39	1280 78	33 33	4 88	200 85	30 »	3 07	133 96	30 »	3 85	162 32
12	100	38 42	1419 20	36 67	6 03	243 55	30 »	4 07	170 03	30 »	4 87	197 19
13	100	42 58	1561 78	40 »	7 31	290 86	30 »	5 10	205 13	40 »	5 92	243 11
14	100	46 85	1708 63	43 33	8 73	342 92	30 »	6 15	241 28	40 »	7 29	290 40
15	100	51 26	1859 89	46 67	10 29	399 88	46 67	7 24	295 19	40 »	8 71	339 11
16	100	55 80	2015 69	50 »	11 90	461 78	46 67	8 86	330 72	50 »	10 17	389 28
17	100	60 47	2176 16	53 33	13 85	528 96	46 67	10 52	407 91	50 »	11 98	461 26
18	100	65 28	2341 44	56 67	15 87	601 50	46 67	12 23	466 81	50 »	13 84	525 10
19	100	70 24	2511 68	60 »	18 05	679 55	46 67	14 »	527 48	60 »	15 75	600 85
20	100	75 35	2687 03	63 33	20 39	763 27	63 33	15 82	606 63	60 »	18 05	678 88
21	100	80 61	2867 64	66 67	22 90	852 84	63 33	18 20	688 16	60 »	20 37	759 25
22	100	86 03	3053 67	70 »	25 59	948 43	63 33	20 64	772 13	70 »	22 78	852 03
23	100	91 61	3245 28	73 33	28 45	1050 21	63 34	23 16	858 63	70 »	25 56	947 59
24	100	97 36	3442 64	76 67	31 51	1158 39	63 34	25 76	947 73	70 »	28 43	1046 02
25	100	103 28	3645 92	80 »	34 75	1273 14	80 »	28 43	1056 16	80 »	31 38	1157 40
26	100	109 38	3855 30	83 33	38 19	1394 66	80 »	31 69	1167 85	80 »	34 72	1272 12
27	100	115 66	4070 96	86 67	41 84	1523 17	80 »	35 03	1282 88	80 »	38 16	1390 28
28	100	123 13	4293 09	90 »	45 70	1658 87	80 »	38 49	1401 37	90 »	41 71	1521 99
29	100	128 79	4521 88	93 33	49 77	1801 97	80 »	42 05	1523 42	90 »	45 66	1657 65
30	100	135 66	4757 54	100 »	54 06	1956 03	100 »	45 70	1669 12	100 »	49 73	1807 38
	3,000	1757 54	» »	1453 33	502 70	» »	1266 67	402 45	» »	1360 »	447 38	
	4757 54		» »	1956 03		» »	1669 12		» »	1807 38		

INTÉRÊT CALCULÉ A QUATRE POUR CENT (AA).

N° 1	N° 2	N° 3	N° 4
5608 46	2177 14	1842 64	2001 74

TABLEAU COMPARATIF B

De la conversion des Traitemens fixes actuels en Traitemens progressifs.

INTÉRÊTS CALCULÉS A TROIS POUR CENT.

MONTANT des traitemens fixes actuels.	TOTAL en 30 années, CAPITAL et INTÉRÊTS à 3 p. 0,0.	TAUX DU MINIMUM AU MAXIMUM, en fixant le minimum aux deux tiers des traitemens actuels. — MINIMUM ET MAXIMUM. Conversion et minimum.	Portion ascendante et pension.	TOTAL du traitement.	PORTION fixe à 4,747 54, ascendante à 1,669 12.	TOTAL du nouveau traitement.	TAUX DU MINIMUM AU MAXIMUM, en fixant le minimum aux trois quarts des traitemens actuels. — MINIMUM ET MAXIMUM. Conversion et minimum.	Portion ascendante et pension.	TOTAL du traitement.	PORTION fixe à 4,757 54, ascendante à 1,669 12.	TOTAL du nouveau traitement.
300	14,273	200 100	300	500	9,515 5,007	14,522	200 100	300	500	9,515 5,007	14,52
400	19,030	200 200	600	800	9,515 10,015	19,530	300 100	300	600	14,273 5,007	19,28
500	23,788	300 200	600	900	14,273 10,015	24,288	300 200	600	900	14,273 10,015	24,28
600	28,545	400 200	600	1,000	19,030 10,015	29,045	400 200	600	1,000	19,030 10,015	29,04
700	33,303	400 300	900	1,300	19,030 15,022	34,052	500 200	600	1,100	23,788 10,015	33,80
800	38,060	500 300	900	1,400	23,788 15,022	38,810	600 200	600	1,200	28,545 10,015	38,56
900	42,818	600 300	900	1,500	28,645 15,022	43,607	600 300	900	1,500	28,545 15,022	43,56
1,000	47,575	600 400	1,200	1,800	28,645 20,029	48,674	700 300	900	1,600	33,060 15,022	48,08
1,500	71,363	1,000 500	1,500	2,500	47,575 25,037	72,612	1,100 400	1,200	2,300	52,333 20,029	72,36
2,000	95,151	1,300 700	2,100	3,400	61,848 35,052	96,900	1,500 500	1,500	3,000	713,63 25,037	96,40
2,500	118,938	1,600 900	2,700	4,500	76,120 45,066	121,186	1,800 700	2,100	3,900	85,636 35,052	120,68
3,000	142,726	2,000 1,000	3,000	5,000	95,151 50,074	145,225	2,200 800	2,400	4,600	104,665 40,059	144,72
4,000	190,302	2,600 1,400	4,200	6,800	123,696 70,103	193,799	3,000 1,000	3,000	6,000	142,725 50,074	192,79
5,000	237.877	3,300 1,700	5,100	8,400	156,999 85,125	242,124	3,700 1,300	3,900	7,600	176,028 65,096	241,12
6,000	285,452	4,000 2,000	6,000	10,000	190,502 100,147	290,449	4,500 1,500	4,500	9,000	214,088 75,110	289,19
7,000	333,028	4,600 2,400	7,200	11,800	218,747 120,177	338,924	5,300 1,700	5,100	10,400	252,148 85,125	337,27
8,000	380,603	5,300 2,700	8,100	13.400	252,148 135,199	387,347	6,000 2,000	6,000	12,000	285,450 100,147	385,59
9,000	428,179	6,000 3,000	9,000	15,000	285,452 150,221	435,675	6,800 2,200	6,600	13,400	323,510 110,162	433,62
10,000	475,754	6,600 3,400	10,200	16,800	313,998 170,250	484,248	7,500 2,500	7,500	15,000	35[illegible],815 125,184	481,99
12,000	570,904	8,000 4,000	12,000	20,000	380,603 200,294	580,807	9,000 3,000	9,000	18,000	428,175 150,221	578,39
15,000	713,631	10,000 5,000	15,000	25,000	475,754 250,368	726,122	11,500 3,700	11,100	22,400	537,598 185,272	722,80
20,000	951,508	13,400 6,600	19,800	33,200	637,510 330,486	967,996	15,000 5,000	15,000	30,000	713,625 250,368	963,99
25,000	1,189,385	16,700 8,300	24,900	41,600	794,509 415,611	1,210,120	19,000 6,000	18,000	37,000	903,905 300,442	1,201,34
30,000	1,427,252	20,000 10,000	30,000	50,000	951,508 500,736	1,452,244	22,500 7,500	22,500	45,000	1,070,438 375,552	1,445,99
165,200 (a)	7,859,545	165,200	166,800	276,400	7,998,454	7,998,454	165,200	124,200	248,000	7,962,577	7,962,5

(a) Les pensions qui seraient dues pour ces 165,200 fr. de traitement, à raison de *moitié* s'élèveraient à.......... 82,600 fr.
En déduisant ce qui excède les 6,000 fr. pour maximum des quatre derniers articles, ou... 21,000
Elles seraient encore de.......... 61,600 fr.
En les calculant aux *deux tiers* elles seraient de.......... 110,134 fr.
Et la déduction faite sur les six derniers articles, montant à.......... 38,666
les réduirait à.......... 71,468
La conversion de ces traitem. fixes faite aux *deux tiers* pour le *minimum* produirait pour payer ces pensions 166,800
Idem idem *trois quarts* idem idem.. 124,200

TABLEAU *C*

Présentant sous le rapport financier les résultats des divers modes de convertir les traitemens *fixes* en traitemens *progressifs* en montant d'un *minimum* à un *maximum*.

SYSTÈME ACTUEL.			CONVERSION D'APRÈS LE NOUVEAU SYSTÈME.						MONTANT de la pension au maximum de *moitié* et de 6000 fr.
MONTANT des traitemens	TOTAL en 30 années à l'intérêt de 3 pour cent ou 4757 fr. 54 p. 100 fr.	PENSION au maximum des 2/3 et de 6000 fr.	MONTANT			MONTANT EN 30 ANNÉES DU			
			du *minimum*.	de la portion ascendante	du maximum ou traitement total.	*minimum* à raison de 4757 fr. 54 par 100 fr.	*maximum* à raison de 1669 fr. 12 par 100 fr.	montant total du traitement	
34.600	1.646.109	6.000	32.000	8.000	40.000	1.522.413	133.530	1.655.943	6.000
29.600	1.408.232	6.000	27.000	8.000	35.000	1.284.536	133.530	1.418.066	6.000
24.600	1.170.055	6.000	22.000	8.000	30.000	1.046.659	133.530	1.180.189	6.000
20.300	965.781	6.000	18.000	7.000	25.000	856.557	106.838	963.195	6.000
16.000	761.206	6.000	14.000	6.000	20.000	666.056	100.147	766.203	6.000
11.600	551.875	6.000	10.000	5.000	15.000	475.754	83.456	559.210	6.000
9.300	442.451	6.000	8.000	4.000	12.000	380.600	66.765	447.368	6.000
7.600	351.575	5.066	6.500	3.500	10.000	309.240	58.419	367.659	5.000
6.600	213.998	4.400	5.500	3.500	9.000	261.665	58.419	320.084	4.500
5.000	237.875	3.333	4.000	3.000	7.000	190.302	50.074	240.376	3.500
4.000	190.300	2.666	3.000	3.000	6.000	142.726	50.074	192.800	3.000
2.700	128.454	1.800	2.000	2.000	4.000	95.151	33.382	128.533	2.000
2.100	99.908	1.400	1.600	1.400	3.000	76.121	23.338	99.459	1.500
1.600	76.121	1.066	1.200	1.200	2.400	57.090	20.029	77.119	1.200
1.100	52.333	725	800	800	1.600	38.060	13.353	51.413	800
800	38.060	533	600	600	1.200	28.545	10.015	38.560	600
500	23.785	333	400	400	800	19.030	6.675	25.705	400
400	19.030	266	300	300	600	14.273	5.007	19.280	300
300	14.275	200	200	300	500	9.515	5.007	14.522	250
178.700	8.401.419	63.786	157.100	66.000	223.100	7.474.093	1.091.588	8.565.684	65.050

TABLEAU COMPARATIF *D*

Des effets de l'élimination pour cause de décès, démission, etc., avant les 30 années de service exigées pour la pension, calculée d'après les bases adoptées dans le rapport de M. Mathieu de (Saône-et-Loire), et sur une moyenne de 1500 fr. *d'ancien traitement* converti en traitement *progressif* de 2300 fr., c'est-à-dire 1100 en *minimum* et 1200 fr. pour la *portion ascendante*.

NOMBRE d'années.	NOMBRE des éliminations sur les 3500.	Selon le traitement fixe de 1500 fr.		CONVERSION en traitement progressif de 2,300 fr.				OBSERVATIONS.
		Traitement moyen.	TOTAL reçu.	fixe.	ascendante et moyenne	Traitement moyen.	TOTAL reçu.	
5	624	1,500	936.000	1.100	80	1.180	736.320	
10	466		699.000		180	1.280	596.480	
15	360		540 000		280	1.380	496.800	
20	303		454.500		380	1.480	484.440	
25	234		351.000		480	1.580	369.720	
29	222		333 000		570	1.670	370.740	
	2,209		3.313.500				3.054.500	2.209
	1,500 fr.						1.382 fr.	

NOTA. En adoptant la conversion des traitemens aux 2/3 au lieu des 3/4 pour former le *minimum*, le traitement devant être formé du *minimum* de 1,000 fr., et le *maximum* de 2,500 fr. réduirait la dépense..... à 2.954 523 fr.
Et la moyenne,.................................à 1.337 fr.

TABLEAU *E*

Démontrant que le remplacement dans un haut grade, opéré par l'ascension successive des employés des grades inférieurs, économise, outre le *minimum* réservé au remplaçant, et la pension attribuée au retraité, une somme qui s'élève *d'une fois à une fois trois quarts*, le montant du traitement du retraité au *maximum*.

MONTANT des traitemens au *minimum*		MONTANT des traitemens au *maximum*		EXCÉDANT du *maximum* sur le *minimum*.	EXCÉDANT réel avec le *maximum* à déduire du traitement du retraité (1)	MONTANT des pensions au *maximum* accordées aux différens emplois.	EXCÉDANT et économie provenant du remplacement de l'emploi supérieur.	OBSERVATIONS.
des divers emplois ou grades.	de tous les emplois inférieurs.	des divers emplois ou grades.	de tous les emplois inférieurs.					
32.000	157.100	40.000	225.100	66.000	74.000	6.000	68.000	
27.000	125.100	35.000	185.100	58.000	65.000	6.000	59.000	(1) Ce retraité au *maximum* étant remplacé au simple *minimum*, ou 40,000 par 32,000, etc.
22.000	98.100	30.000	148.100	50.000	58.000	6.200	48.000	
18.000	76.100	25.000	118.100	42.000	49.000	6.000	42.000	
14.000	58.100	20.000	93.100	35.000	41.000	6.000	35.000	
10.000	44.100	15.000	73.100	27.000	32.000	6.000	26.000	Ainsi la retraite d'un employé au *maximum* de 40,000 fr. par les remplacemens successifs dans les emplois inférieurs économise, *outre la pension*........68,000
8.000	34.100	12.000	58.100	24.000	28.500	6.000	22.000	
6.500	26.100	10.000	46.100	20.000	23.500	5.000	18.500	
5.500	19.600	9.000	36.100	16.500	20.000	4.500	15.500	
4.000	14.100	7.000	27.100	13.000	16.000	3.500	12.500	
3.000	10.100	6.000	20.100	10.000	13.000	3.000	10.000	
2.000	7.100	4.000	14.100	7.000	9.000	2.000	7.000	
1.600	5.100	3.000	10 100	5.000	6.400	1.500	4.900	
1.200	4.500	2 400	7.100	2.600	3.800	1.200	2.600	celle à 30,000 fr..48,000
800	2.300	1.600	4.700	2.400	3.200	800	2.400	celle à 20,000...35,000
600	1.500	1.200	3.100	1.600	2.200	600	1.600	celle à 10,000...18,500
400	900	800	1.900	1.000	1.400	400	1.000	celle à..6,000...10,000
300	500	600	1.100	600	900	300	600	celle à..3,000... 4,900
200	200	500	»	300	300	250	50	celle à..1,200... 1,600
								celle à....600... 600
157.100		225.100		382.000	446.700	65.050	377. 650	

TABLEAUX *F*

Destinés à montrer l'influence des divers modes d'établissement des traitemens et les différences et économies qui résultent des combinaisons.—1° Où le *maximum* du traitement inférieur reste au dessous du *minimum* du traitement supérieur.—2° Où il *égale* ce *minimum*.—3° Où il le *dépasse*.—4° Où le *minimum* est *inférieur de moitié et plus* au *maximum*.

(Nota.) Les quatre résultats proviennent de la même somme de 149,600 fr. seulement différemment combinée.

	N° **1**.		N° **2**.		N° **3**.		N° **4**.	
	MONTANT DES		MONTANT DES		MONTANT DES		MONTANT DES	
	minimum.	maximum.	minimum.	maximum.	minimum.	maximum.	minimum.	maximum.
	17.000	17.000	15.000	20.000	14.000	20.000	9.000	18.000
	12.500	12.500	11.000	15.000	10.000	15.000	8.000	16.000
	10.000	10.000	9.000	11·000	8.000	12.000	7.000	14.000
	8.250	8.250	7.200	9.000	6.500	10.000	6.000	12.000
	7.250	7.250	6.000	7.200	5.500	9.000	5.000	10.000
	5.500	5.500	4.800	6.000	4.000	7.000	4.000	8.000
	4.500	4.500	3.600	4.800	3.000	6.000	3.000	6.000
	3.000	3.000	2.400	3.600	2.000	4.000	2.000	5.000
	2.500	2.500	2.000	2.400	1.600	3.000	1.600	4.000
	1.800	1.800	1.600	2.000	1.200	2.400	1.200	3.000
	1.200	1.200	1.200	1.600	800	1.600	800	2.200
	900	900	800	1.200	600	1.200	600	1.600
	600	600	400	800	400	800	400	1.200
	74.800	74.800	65.000	84.600	57.600	92.000	48.600	101.000
Minimum multiplié par	4.757.54	1669.12	4757.54	1669.12	4757.54	1669.12	4757.54	1669.12
Maximum, par 1669 12 produisent..........	3.558.640	1.248.502	3.092.401	1.412.076	2.740.343	1.535.590	2.312.164	1.685.811
Dépense totale en trente années............	4.807.142		4.504.477		4.275.933		3.997.975	

TABLEAUX *G*

Présentant en détail, et sous le rapport financier, les résultats du remplacement selon le nouveau système, ou du *maximum* par le *minimum* des traitemens.

N° 1.

Simple remplacement d'un fonctionnaire par un autre, offrant une économie de 3/5ᵉ par suite de la conversion d'un traitement actuel de 1,200 fr. au *minimum* de 900 fr. et *maximum* de............ 1,800 fr.

Employé au *maximum* de 1,800 fr. remplacé par un rentrant au *minimum* de............... 900

L'économie est donc de 900 fr.; c'est-à-dire du montant de la pension fixée à *moitié* du nouveau traitement et aux *trois quarts* de l'ancien.

N° 2.

Remplacement d'un fonctionnaire par avancement de plusieurs grades inférieurs, ayant tous atteint un traitement *égal* au *minimum* du grade supérieur.

Economie de 7,000 fr. pour une pension de 4,000 fr.

Chef de bureau au *maximum* de	8,000 fr. (1),	remplacé par le *minimum* ou employé inférieur, à.	6,000
Sous-chef, *idem*.............	6,000	............*id*....................................	4,000
Rédacteur, *idem*.............	4,000	............*id*....................................	2,000
Expéditionnaire, *idem*........	2,000		12,000
		Minimum du rentrant.....	1,000
	20,000		13,000

N° 3.

Remplacement d'un fonctionnaire par avancement de plusieurs grades inférieurs, ayant un traitement *inférieur* au *minimum* du grade supérieur.

Economie de 5,500 fr. pour une pension de 4,000 fr., à *moitié* du traitement.

Chef de bureau au *maximum* de	8,000 fr.	remplacé par le *minimum* de......................	6,000
Sous-chef ayant seulement....	5,500	............*id*....................................	4,500
Rédacteur, *idem*............	4,000	............*id*....................................	3,000
Expéditionnaire............	2,500		13,500
		Minimum du rentrant.....	1,000
	20,000		14,500

N° 4.

Remplacement d'un fonctionnaire par avancement de plusieurs grades inférieurs, dont le *maximum dépasse* le *minimum* du grade supérieur.

Economie de 7,000 fr. pour une pension de 4,000 fr. (à moitié du traitement.)

	TRAITEMENT DES EMPLOIS.				
	Minimum	*maximum* à			
Chef de bureau.....	6.000	8,000	8,000	remplacé par le *minimum* de.	6,000
Sous-chef..........	4,000	6,500	6,000	....	4,000
Rédacteur.........	2,500	4,500	4,000	....	2,500
Expéditionnaire....	1,000	3,000	2,500	....	1,000
......	13,500	22,000	20,500	....	13,500

(1) Ce nouveau traitement de 8,000 fr. serait le produit d'un traitement actuel de 4,800 à 5,200, selon la conversion faite aux 2/3 ou aux 3/4.

NOTA. Les diverses économies indiquées par ce tableau seraient beaucoup plus grandes, et pourraient *dépasser de 3/4 le ontant du plus fort traitement au maximum*, comme le prouve le tableau E, si la différence entre le *minimum* et le *maximum* tait plus considérable, et se rapprochant de la *moitié* du traitement total.

TABLEAU *H*

De la *portion ascendante* des Traitemens et Salaires progressant annuellement du *minimum* au *maximum*, en 30 années exigées pour la pension, et calculée sur une base et somme de 100 fr.

Années.	100 f.	200	300	400	500	600	700	800	900	1,000	1,100
1	0	0	0	0	0	0	0	0	0	0	0
2	3 33	6 67	10	13 33	16 67	20	23 33	26 67	30	33 33	36 67
3	6 67	13 33	20	26 67	33 33	40	46 67	53 33	60	66 67	73 33
4	10 »	20 »	30	40 »	50 »	60	70 »	80 »	90	100 »	110 »
5	13 33	26 67	40	53 33	66 67	80	93 33	106 67	120	133 33	146 67
6	16 67	33 33	50	66 67	83 33	100	116 67	133 33	150	166 67	183 33
7	20 »	40 »	60	80 »	100 »	120	140 »	160 »	180	200 »	220 »
8	23 33	46 67	70	93 33	116 67	140	163 33	186 67	210	233 33	256 67
9	26 67	53 33	80	106 67	133 33	160	186 67	213 33	240	266 67	293 33
10	30 »	60 »	90	120 »	150 »	180	210 »	240 »	270	300 »	330 »
11	33 33	66 67	100	133 33	166 67	200	233 33	266 67	300	333 33	366 67
12	36 67	73 33	110	146 67	183 33	220	256 67	293 33	330	366 67	403 33
13	40 »	80 »	120	160 »	200 »	240	280 »	320 »	360	400 »	440 »
14	43 33	86 67	130	173 33	216 67	260	303 33	346 67	390	433 33	476 67
15	46 67	93 33	140	186 67	233 33	280	326 67	373 33	420	466 67	513 33
16	50 »	100 »	150	200 »	250 »	300	350 »	400 »	450	500 »	550 »
17	53 33	106 67	160	213 33	266 67	320	373 33	426 67	480	533 33	586 67
18	56 67	113 33	170	226 67	283 33	340	396 67	453 33	510	566 67	623 33
19	60 »	120 »	180	240 »	300 »	360	420 »	480 »	540	600 »	660 »
20	63 33	126 67	190	253 33	316 67	380	443 33	506 67	570	633 33	696 67
21	66 67	133 33	200	266 67	333 33	400	466 67	533 33	600	666 67	733 33
22	70 »	140 »	210	280 »	350 »	420	490 »	560 »	630	700 »	770 »
23	73 33	146 67	220	293 33	366 67	440	513 33	586 67	660	733 33	806 67
24	76 67	153 33	230	306 67	383 33	460	536 67	613 33	690	766 67	843 33
25	80 »	160 »	240	320 »	400 »	480	560 »	640 »	720	800 »	880 »
26	83 33	166 67	250	333 33	416 67	500	583 33	666 67	750	833 33	916 67
27	86 67	173 33	260	346 67	433 33	520	606 67	693 33	780	866 67	953 33
28	90 »	180 »	270	360 »	450 »	540	630 »	720 »	810	900 »	990 »
29	93 33	186 67	280	373 33	466 67	560	653 33	746 67	840	933 33	1,026 67
30	100 »	200 »	300	400	500 »	600	700 »	800 »	900	1,000 »	1,100 »
	1,453 33	2,906 67	4,360	5,813 33	7,266 67	8,720	10,173 33	11,626 67	13,080	14,533 33	15,986 67

Années.	1,200	1,300	1,400	1,500	1,600	1,800	2,000	2,200	2,400	2,600	2,800	3,000
1	0	0	0	0	0	0	0	0	0	0	0	0
2	40	43 33	46 67	50	53 33	60	66 67	73 33	80	86 67	93 33	100
3	80	86 67	93 33	100	106 67	120	133 33	146 67	160	173 33	186 67	200
4	120	130 »	140 »	150	160 »	180	200 »	220 »	240	260 »	280 »	300
5	160	173 33	186 67	200	213 33	240	266 67	293 33	320	346 67	373 33	400
6	200	216 67	233 33	250	266 67	300	333 33	366 67	400	433 33	466 67	500
7	240	260 »	280 »	300	320 »	360	400 »	440 »	480	520 »	560 »	600
8	280	303 33	326 67	350	373 33	420	466 67	513 33	560	606 67	653 33	700
9	320	346 67	373 33	400	426 67	480	533 33	586 67	610	693 33	746 67	800
10	360	390 »	420 »	450	480 »	540	600 »	660 »	720	780 »	840 »	900
11	400	433 33	466 67	500	533 33	600	666 67	733 33	800	866 67	933 33	1,000
12	440	476 67	513 33	550	586 67	660	733 33	806 67	880	953 33	1,026 67	1,100
13	480	520 »	560 »	600	640 »	720	800 »	880 »	960	1,040 »	1,120 »	1,200
14	520	563 33	606 67	650	693 33	780	866 67	953 33	1,040	1,126 67	1,213 33	1,300
15	560	606 67	653 33	700	746 67	840	933 33	1,026 67	1,120	1,213 33	1,306 67	1,400
16	600	650 »	700 »	750	800 »	900	1,000 »	1,100 »	1,200	1,300 »	1,400 »	1,500
17	640	693 33	746 67	800	853 33	960	1,066 67	1,173 33	1,280	1,386 67	1,493 33	1,600
18	680	736 67	793 33	850	906 67	1,020	1,133 33	1,246 67	1,360	1,473 33	1,586 67	1,700
19	720	780 »	840 »	900	960 »	1,080	1,200 »	1,320 »	1,440	1,560 »	1,680 »	1,800
20	760	823 33	886 67	950	1,013 33	1,140	1,266 67	1,393 33	1,520	1,646 67	1,773 33	1,900
21	800	866 67	933 33	1,000	1,066 67	1,200	1,333 33	1,466 67	1,600	1,733 33	1,866 67	2,000
22	840	910 »	980 »	1,050	1,120 »	1,260	1,400 »	1,540 »	1,680	1,820 »	1,960 »	2,100
23	880	953 33	1,026 67	1,100	1,173 33	1,320	1,466 67	1,613 33	1,760	1,906 67	2,053 33	2,200
24	920	996 67	1,073 33	1,150	1,226 67	1,380	1,533 33	1,686 67	1,840	1,993 33	2,146 67	2,300
25	960	1,040 »	1,120 »	1,200	1,280 »	1,440	1,600 »	1,760 »	1,920	2,080 »	2,240 »	2,400
26	1,000	1,083 33	1,166 67	1,250	1,333 33	1,500	1,666 67	1,833 33	2,000	2,166 67	2,333 33	2,500
27	1,040	1,126 67	1,213 33	1,300	1,386 67	1,560	1,733 33	1,906 67	2,080	2,253 33	2,426 67	2,600
28	1,080	1,170 »	1,260 »	1,350	1,440 »	1,620	1,800 »	1,980 »	2,160	2,340 »	2,520 »	2,700
29	1,120	1,213 33	1,306 67	1,400	1,493 33	1,680	1,866 67	2,053 33	2,240	2,426 67	2,613 33	2,800
30	1,200	1,300 »	1,400 »	1,500	1,600 »	1,800	2,000 »	2,200 »	2,400	2,600 »	2,800 »	3,000
	17,440	18,893 33	20,346 67	21,800	23,333 23	26,160	29,066 67	31,973 33	34,880	37,786 67	40,693 33	43,600

TABLEAU *I* N° 1.

ÉTAT des Traitemens des pour le mois de

(**Modèle actuel.**)

ÉMARGEMENT.	NOMS.	FONCTIONS.	APPOINTEMENS		RETENUES pour pensions de retraite, à raison de 5 p. cent.	NET A PAYER.
			par an.	par mois.		

TABLEAU *I* N° 2.

ÉTAT des Traitemens des pour le mois de

(**Modèle à substituer.**)

ÉMARGEMENT.	NOMS.	FONCTIONS.	ANNÉES de SERVICE.	APPOINTEMENS		MONTANT du MOIS A PAYER.
				minimum	maximum	

TABLEAU J. — Résumés comparatifs des résultats du système des traitemens *progressifs*, au lieu des traitemens *fixes*, en prenant

1° Un total de cent millions pour le montant de tous les traitemens *fixes* des services civils, et de 65,000 employés (*a*) ;
2° Les *trois quarts* de ces traitemens pour former le *minimum* invariable, et l'autre *quart* pour former et *tripler* la portion *ascendante et le maximum* ;
3° Un intérêt annuel et composé soit de 4 pour cent, soit de 3 pour cent, soit, même, totalement supprimé.

NOTA. *Ces résultats doivent, du reste, être augmentés de 63/100es, en appliquant, aussi, le système aux traitemens* fixes *des armées de terre et de mer, s'élevant à 63,500,000 fr. pour 20,000 officiers et employés divers rétribués.*

RÉSULTATS 1° du remplacement des fonctionnaires, soit retraités au *maximum* du traitement, soit éliminés avant 30 ans et sans pension ; 2° du moins payé, aussi, à ces éliminés.

SYSTÈME ACTUEL.			NOUVEAU SYSTÈME où le traitement progresse annuellement d'un *minimum* à un *maximum* toujours atteint à 30 ans de service.												OBSERVATIONS.
			PORTION des 100 millions devant former la portion		SOMME à laquelle doivent s'élever en totalité les dépenses, et montant			MONTANT DES ÉCONOMIES provenant du remplacement				ÉCONOMIES provenant du paiemt des traitemens des éliminés à une moyenne de 1,382 fr. au lieu de 1,500 fr. (tableau *D.*)			
								pour retraites à 30 ans, et au *maximum* des traitemens		pour éliminations avant 30 ans, et sans pensions (s'élevant aux deux tiers des vacances et traitemens).					
NOMBRE des fonctionnaires.	MONTANT des traitemens fixes actuels.	MOYENNE générale de ces traitemens.	*fixe* ou *minimum.*	*ascendante* et se *triplant* par la progression	du *minimum.*	de la portion *ascendante* et *triplée.*	du total et *maximum*	en 30 ans.	par année	en 30 ans.	par année	en 29 ans.	par année	MONTANT total des diverses économies par année.	
65,000	100,000,000	(*b*) 1,500	75,000,000	25,000,000	75,000,000	75,000,000	150,000,000	(*c*) 150,000,000	5,000,000	100,000,000	3,300,000	5,100,000	200,000	5,000,000 3,300,000 200,000 8,500,000	(*a*) Ces évaluations sont, de fait, inférieures au chiffre réel. (*b*) Le chiffre serait 1,538 d'après les deux évaluations précédentes. (*c*) D'après le tableau *E*, ce produit devrait être plus élevé des trois quarts.

RÉSULTATS ET INFLUENCE sur la dépense et les économies du remplacement, soit de l'admission d'un intérêt annuel et composé à 4 pour cent, et à 3 pour cent, soit de la suppression de tout intérêt.

TAUX de L'INTÉRÊT annuel.	MONTANT de ce que coûterait au trésor, en 30 ans, UN TRAITEMENT de 100 francs, soit fixe, soit montant seulement, par an, de 3 fr. 33 c. jusqu'à ce taux de 100 fr.				TAUX auquel le traitement progressif peut être élevé avec le MONTANT DU TRAITEMENT FIXE, et en payant l'augmentation annuelle du traitement progressif (tableaux *AA*, *A.*)			MONTANT de l'*insuffisance* ou de ce qui manque pour pouvoir *tripler* le montant DES TRAITEMENS PROGRESSIFS avec celui du traitement *fixe*, et avec paiement de l'augmentation			PROPORTION DE CE DÉFICIT avec le complémt des 300 f pour 100 f. d'ancien traitement, comme avec les 25 millions consacrés à la portion *ascendante* avec paiemt		MONTANT proportionnel DE CE DÉFICIT sur les 25 millions formant la portion *ascendante* des traitemens *progressifs*, avec paiement		MONTANT définitif de L'ÉCONOMIE CI-DESSUS de 8,500,000 fr. défalcation faite des réductions ci-contre, avec paiement		OBSERVAT.
	TRAITEMt payé chaque année au taux de 100 fr.	TRAITEMENT PROGRESSIF avec paiement de l'augmentation annuelle.															
		tous les ans (tab. AA, A.)	tous les 5 ans.	tous les 3 ans.	tous les ans.	5 ans.	3 ans.	annuel.	quinquennal.	triennal.	quinquennal.	triennal.	quinquennal.	triennal.	quinquennal.	triennal.	
						(*a*)	(*b*)		f.	(*c*) f.		(*d*)		(*e*)			
à 4 p. 0/0.	5,608 46	2,177 14	1,842 64	2,001 74	»	304 »	280 »	»	»	20 »	»	1/15e »	»	1,660,000	»	6,840,000	(*a*) Ou 3 fois et 4 centièmes. (*b*) 5,608 46 divisés par 2,001 74. (*cd*) Complétant le 1/15 de 300. (*e*) Comme 1,660,000, le quinzième des 25,000,000.
à 3 p. 0/0.	4,757 54	1,956 03	1,669 12	1,807 38	»	285 »	262 »	»	15 »	38 »	le 20e	1/8e »	1,250,000	3,100,000	7,250,000	5,400,000	
sans intérêt	3,000 »	1,453 33	1,266 67	1,360 »	»	237 »	220 »	»	63 »	80 »	4 80	1/3, 75	5,200,000	6,930,000	3,300,000	1,570,000	

TABLEAU *K.*— Rapprochement comparatif des dispositions en vigueur et de celles proposées pour le règlement des pensions civiles.

LOI DU 22 AOUT 1790	DÉCRET DU 13 SEPTEMB. 1806.	ORDONNANCE DU 12 JANVIER 1825, PORTANT RÈGLEMENT POUR LE SERVICE DES FINANCES.	PROJET DE LOI PRÉSENTÉ EN 1841.	AMENDEMENT DE LA COMMISSION.	SELON LE NOUVEAU SYSTÈME.
		SERVICE SÉDENTAIRE.	**SERVICE SÉDENTAIRE.**	**SERVICE SÉDENTAIRE.**	**SERVICE SÉDENTAIRE.**
50 ans ; 30 ans de service ; la pension est alors proportionnée aux services et aux infirmités. A 30 ans, le quart du traitement. Un soixantième par année en sus. Elle ne peut excéder 10,000 fr.	60 ans ; 30 ans de service, sauf infirmités. Pension fixée au 6e du traitement moyen des 4 dernières années. Un trente-sixième par année en sus des 30 ans. Sans pouvoir excéder 1,200 fr. pour traitement au-dessous de 1,800 fr. ; les deux tiers de ceux au-dessus, et 6,000 francs, dans tous les cas.	60 ans d'âge ; 30 ans de service dans l'administration des finances. 45 ans d'âge en cas d'infirmités, mais avec les services requis. Dispense d'âge et de temps pour blessures rendant impropre au service. Taux de la pension fixé sur la moyenne des quatre dernières années du traitement. Le montant des remises n'y compte que pour les 4/5e et 2/3. Pour 30 ans de service, la pension est de moitié du traitement. Elle s'accroît d'un quarantième par année en sus des 30 ans. Elle ne peut dépasser les trois quarts du traitement. La pension des *retraités* par exception est du soixantième par année de service.	60 ans ; 30 ans de service, dont 20 avec retenue. » Dispense d'âge pour ceux reconnus impropres au service. Moyenne des 10 dernières années de service. » Un *soixantième* de cette moyenne par année de service et par année en sus des 30 ans. Elle ne peut excéder les *deux tiers* du traitement, ni 6,000 fr. Avant les 60 ans d'âge, un *soixante-quinzième* par année de service.	Mêmes conditions que ci-contre. *Idem.* *Idem.* *Idem.* *Idem.* *Idem.* *Idem.* *Idem.*	Seulement 30 ans de service, sauf encore les cas d'infirmités et de blessures rendant impropre au service ; point de moyenne, la pension étant formée constamment de l'excédant du traitement sur son minimum au moment de la retraite. Elle ne peut dépasser cette somme ni 6,000 fr.
		SERVICE ACTIF.	**SERVICE ACTIF.**	**SERVICE ACTIF.**	**SERVICE ACTIF.**
		25 ans de service, dont au moins 15 dans le service actif. Dispense d'âge et de temps pour blessures rendant impropre au service. 40 ans d'âge et 10 ans d'activité pour les infirmes, par suite de service. Moyenne du traitement fixée sur celui des quatre dernières années. A 25 ans de service, la pension est de *moitié* de cette moyenne. Elle s'accroît d'un *quarantième* par année en sus de 25 ans. Elle ne peut dépasser les *trois quarts* du traitement. Elle est du soixantième par année de service pour les retraités par exception.	55 ans ; 25 ans d'exercice, dont 18 d'activité. Dispense d'âge pour les impropres au service. Un *soixantième* du traitement par année de service. » *Moitié* de la moyenne des 10 dernières années. Un soixantième par année en sus des 25 ans. Les *deux tiers* de la moyenne au-dessous des 2,400 fr. *Moitié* au-dessous de 3,200 fr. de traitement.	Mêmes conditions que ci-contre. *Idem.* *Idem.* *Idem.* *Idem.* *Idem.* *Idem.* *Idem.*	25 ans de service, dont 15 d'activité, sauf les cas précités d'infirmités. Excédant du traitement sur le minimum. Ne peut dépasser cet excédant ni 6,000 fr.
VEUVES.	**VEUVES.**	**VEUVES.**	**VEUVES.**	**VEUVES.**	**VEUVES.**
Aucune pension.	Aucune pension.	N'ont droit à la pension qu'après 5 ans de mariage. Cette pension est du *quart* de celle du mari. Elle est de la *moitié* s'il est mort pour fait de service. Elle est du *tiers* si la veuve a plus de 50 ans, ou des enfans au-dessous de 16 ans. Elle est de *moitié* si elle est au-dessous de 125 fr., mais sans pouvoir dépasser cette moitié.	10 ans de mariage au lieu de 5. Du *quart* dans tous les cas, sauf *moitié* en cas de mort du mari, pour fait de service. Elle ne peut dépasser 1,500 fr., ni être inférieure à 100 fr.	Mêmes conditions que ci-contre. *Idem.* Les *deux tiers* au lieu de *moitié.* Le *tiers* pour la perte d'un membre par le mari, ou infirmités pour fait de service ; 1,500 fr. sans *minimum.*	5 ans de mariage seulement. Le *tiers* au lieu du *quart.* Les *deux tiers.* La *motié* au lieu du *tiers.* Maximum, 1,500 fr. ; minimum, 100 fr.
		ORPHELINS.	**ORPHELINS.**	**ORPHELINS.**	**ORPHELINS.**
		A défaut de la veuve, la pension leur est partagée jusqu'à 16 ans, mais la part de chacun n'est pas réversible aux autres.	Comme les veuves, pour plusieurs orphelins. Les *deux tiers* de la pension de cette veuve, pour un seul orphelin ; non réversible.	Comme ci-contre. *Idem.*	Comme ci-contre, mais réversible sur les orphelins restans.
RETENUES.	**RETENUES.**	**RETENUES.**	**RETENUES.**	**RETENUES.**	**RETENUES.**
Aucune.	Aucune.	5 pour cent sur le montant du traitement et des remises. Le premier mois de ce traitement et de toutes les augmentations. Les retenues pour cause de congé et d'absence. Le temps de service soumis à ces retenues compte seul pour la pension. Les services militaires sont liquidés selon leur tarif, sans égard aux campagnes. Les services ne sont admis qu'à partir de 20 ans et du premier traitement d'activité. Les droits à la pension se perdent par la destitution et démission, avant le temps requis. Ils se recouvrent par replacement et nouvelles fonctions.	5 pour cent sur les traitemens et remises. Le premier mois des traitemens et augmentations. Retenues sur les congés et absences. La pension exige 20 ans de retenue. Les services militaires sont admis sans compter les campagnes. 20 ans d'âge, et à partir du premier traitement d'activité. Comme ci-contre. *Idem.*	Comme ci-contre. Deux mois des augmentations. Comme ci-contre. *Idem.* *Idem.* *Idem.* *Idem.* *Idem.*	Aucune retenue. *Idem.* *Idem.* Aucun temps de retenue. Admission de tous les services rendus à l'État. 20 ans d'âge. Comme ci-contre. *Idem.*

PIÈCES JUSTIFICATIVES.

PIÈCE N° 1.

Extraits du discours de M. de Tocqueville dans la séance du 18 janvier 1842. (Moniteur du 19.)

.... J'avoue, Messieurs, que la situation intérieure du pays m'afflige et m'inquiète; je gémis tout autant qu'un autre, sans doute, des désordres et des attentats dont nous avons été témoins; mais, si j'ose le dire, ce ne sont pas ces désordres et ces attentats qui m'affligent le plus pour l'avenir du pays.

Qu'après tant de révolutions longues et violentes, une grande anarchie se soit introduite dans les esprits; que des idées singulières, une morale relâchée se fassent voir chez un petit nombre, cela ne me surprend pas : dans toute société, d'ailleurs, il y a toujours une portion infime qui rêve le désordre et ne vit que par le désordre. Ce que nous voyons n'est donc pas inattendu et ne doit pas effrayer outre mesure; mais ce qui est bien plus effrayant, pour moi du moins, c'est de voir en présence de cette petite minorité factieuse et turbulente, l'attitude de la majorité; c'est de considérer l'espèce de quiétude, je dirai presque d'indifférence qui se fait remarquer dans la masse; c'est de voir à quel degré parmi nous, en présence de ces attentats et de ces attaques violentes contre la société, la masse reste en quelque sorte impassible et indifférente.

..... Si, après avoir considéré le pays, je regarde la chambre, eh bien ! je vous l'avouerai, je ne suis pas rassuré. Quelque chose de différent, sans doute, mais analogue à ce qui se passe dans le pays, se fait, en effet, voir dans cette chambre : ce lien qui unissait et tenait ensemble les anciens partis semble se détendre et menacer de se briser, et je ne vois rien paraître à la place.

Au lieu de ces partis compactes sur lesquels pouvaient s'appuyer alternativement d'une manière solide et l'opposition et le gouvernement, je vois, permettez-moi de le dire, une sorte déparpillement d'opinions qui m'effraie, je vois chacun qui semble considérer à son seul point de vue les affaires publiques, et qui se retire en quelque sorte en lui-même et veut agir seul.

Eh bien, Messieurs, l'ensemble de tous ces faits, et je crois n'avoir pas exagéré les choses, l'ensemble de ce spectacle n'est-il pas effrayant? savez-vous, Messieurs, ce que cela veut dire? cela veut dire qu'il y a en France quelque chose en péril, quelque chose qui est plus grand que le ministère, quelque chose qui est plus grand que la chambre elle-même, c'est le système représentatif (*mouvement*).

Oui, Messieurs, il faut que quelqu'un le dise, enfin, et que le pays qui nous écoute l'entende. Oui, parmi nous, en ce moment, le système représentatif est en péril; la nation, qui en voit les inconvéniens, n'en sent pas suffisamment les avantages. Et cependant, Messieurs, qu'est-ce que le système représentatif, sinon cette conquête qui nous a coûté tant de sang et de larmes, que nos pères ont gagné et perdu, et qui semble s'échapper de nos mains au moment où nous croyons enfin le saisir? (*Plusieurs voix. C'est vrai!*)

....

....

..... Ainsi donc, Messieurs, suivant moi, le gouvernement pour une grande part, et les hommes politiques pour une part presque aussi grande, ont contribué à l'état d'anarchie morale et d'indifférence publique qui me paraît le plus fâcheux et le plus triste symptôme de la situation actuelle.

Mais ce ne sont pas les seules causes; il est une cause plus profonde qu'on n'osera peut-être pas dire, mais que, moi, j'aurai le courage de dire : cette cause, il faut que le pays la connaisse, elle est dans l'état des mœurs politiques du pays lui-même.

Beaucoup de maux dont on se plaint ne sont que des symptômes; mais là est la cause profonde, là est le mal profond qui appelle les remèdes, et qui finira par tuer la société, si ces remèdes ne sont pas trouvés.

Je sais qu'il est beaucoup de faits qui ont contribué à amener cet état des mœurs publiques et sur lesquels nous ne pouvons rien; mais il en est sur lesquels le gouvernement et les chambres ne doivent pas désespérer d'agir, il est un trait dans ces mœurs publiques du pays, le trait le plus fâcheux peut-être, celui qui donne le plus lieu de craindre, que nous pouvons effacer en partie, et c'est pour cela que j'en parle, ce trait est, suivant moi, la passion croissante, illimitée, déréglée des places. (*Oui! oui! c'est vrai!*)

Je ne partage pas contre MM. les fonctionnaires publics la passion qui existe dans certains esprits; je crois que, dans un gouvernement comme le nôtre, il faut un grand nombre de fonctionnaires publics, je crois que la classe des fonctionnaires publics est une des plus respectables de la société; mais je n'en dis pas moins qu'il est extrêmement dangereux que les fonctions publiques deviennent le but incessant de toutes les ambitions du pays.

Sur ce point, je ne chercherai pas d'autre témoignage que vous-mêmes; je ne m'adresserai pas plus à cette portion de la Chambre (*montrant la gauche*) qu'à cette autre : je vous demanderai à tous avec sincérité, du fond de ma conscience, je vous demanderai si, revenant de vos provinces, vous n'avez pas remarqué partout, partout, non pas quelque part, mais partout, que le goût des places devenait la passion universelle, la passion dominante, la passion mère! (*oui! oui!*) qu'elle s'introduisait à la fois dans toutes les classes, jusque dans ces classes agricoles dont, jusqu'à présent, les mœurs saines et énergiques l'avaient repoussée; que l'idée que tout le monde, quelles que fussent ses lumières, pouvait arriver aux places, et que, dans l'intérieur des carrières, tout le monde pouvait grandir sans cesse, sans que des services antérieurs appelassent à avancer, je vous demanderai si cette idée ne vous a pas semblé de plus en plus profondément entrée dans toutes les âmes; si, en nous renfermant dans ce que M. le Ministre des affaires étrangères appelait jadis le pays légal, il n'est pas vrai que de plus en plus, Messieurs, ceux qui font partie de ce pays légal, tendent à regarder les places comme la conséquence la plus désirable des fonctions électorales auxquelles ils sont appelés?

Eh bien ! Messieurs, si tout cela est vrai, qu'en résulte-t-il? Il en résulte que l'esprit public, dans ce pays, attaqué dans son principe même, est menacé d'être détruit; il en résulte qu'à la place des opinions, qui, comme je le disais tout à l'heure, peuvent servir d'assiette solide, soit à une opposition, soit à un gouvernement, il ne se rencontre qu'une collection de petits intérêts particuliers, mobiles et passagers, qui ne peuvent donner de point d'appui à personne (*très bien*), ni au gouvernement, ni à l'opposition, et qui livrent nécessairement la société tout entière et le gouvernement qui la dirige, à une mobilité perpétuelle dont il ne saurait résulter que l'anarchie et la ruine pour tout le monde. (*Très bien.*)

Voilà, Messieurs, voilà, selon moi, où est la cause première du mal et la cause croissante.

On me dira : mais ce dont vous vous plaignez, on s'en est plaint dans tous les pays libres. Partout où il y a des élections, on a dit ce que vous dites. Ce mal dont vous parlez tient au système électif lui-même; il faut vivre avec ce mal et le souffrir en pensant au bien qui l'accompagne et que le système produit.

Je le nie, je dis que ce que nous voyons de notre temps, en France, ne s'est jamais vu nulle part (*très bien*); je dis que nulle part le nombre des fonctionnaires n'a été aussi grand; je dis que nulle part la médiocrité et la mobilité des fortunes, le désir incessant de sortir de sa situation, le besoin de changer d'état, n'ont disposé d'une manière aussi complète l'ensemble des citoyens à désirer les fonctions publiques, et n'ont préparé la nation tout entière à devenir (permettez-moi de le dire), une troupe de solliciteurs. (*Très bien! très bien !*)

On dit encore : mais le mal dont vous vous plaignez est un mal nécessaire; il est le contre-poids de la liberté. Dans un pays démocratique comme le nôtre, il n'existe pas de tradition, pas de classe pour soutenir le gouvernement, pas de corps qui lui vienne en aide; il faut bien que le gouvernement ait une grande clientèle, il faut qu'il saisisse et qu'il retienne en même temps la multitude entière des citoyens par leurs intérêts particuliers, afin que l'ordre soit maintenu.

Eh bien, Messieurs, cette nécessité déplorable, cette nécessité funeste dont il faudrait rougir , qui, je le déclare, me ferait abandonner une patrie où l'on aurait nécessairement à choisir entre la servitude et la corruption; eh bien! cette nécessité je soutiens, moi, qu'elle n'existe pas.

Je dis qu'en excitant comme vous le faites, outre mesure, l'ambition des particuliers, en la poussant vers la recherche des emplois, vous créez plus de maux que vous n'en empêchez !

En effet, le nombre des fonctions publiques est limité, le nombre de ceux qui les veulent n'a pas de limites. Et ne craignez-vous pas de faire naître dans le pays la pire espèce des révolutionnaires, ces révolutionnaires qui veulent changer le gouvernement pour avoir des places; qui, n'étant pas satisfaits, veulent faire des révolutions pour se satisfaire? Je dis que ce danger est réel et qu'il faut y remédier.

. . . .

J'ai dit et je répète que, dans cet état des mœurs du pays , lorsque l'ensemble de la population semble préoccupé de cet amour désordonné des places , un grand exemple venant de la Chambre pourrait être utile. (*C'est vrai! c'est vrai!*) Je n'entre pas dans un long examen, j'expose seulement et brièvement ma pensée. Je ne me suis pas dissimulé que quand la Chambre donnerait par elle-même et législativement ce grand exemple d'abnégation personnelle, l'effet matériel qui s'ensuivrait ne serait pas très grand, mais l'effet moral serait considérable; je soutiens qu'il est dans la position de cette Chambre de le donner; elle n'est pas seulement la tête de la nation pour faire des lois, mais encore pour donner des exemples. (*Très bien! très bien!*)

Il y a peut-être d'autres moyens encore. Ce qui est dangereux, Messieurs, ce n'est pas le grand nombre de places, c'est que chacun, quelles que soient sa capacité et ses lumières, croit pouvoir pénétrer dans les carrières publiques.

Ce qui est dangereux encore, et plus dangereux peut-être, c'est qu'une fois entré dans les carrières publiques, tout le monde s'imagine que la faveur, le hasard, que sais-je? mille accidens qu'une imagination ambitieuse peut entrevoir, peuvent suffire pour faire passer sans génie à travers les grades, et courir de la base de l'échelle administrative au sommet. Voilà ce qui est dangereux.

Eh bien! ces dangers se sont présentés dans d'autres pays que le nôtre. Dans une partie de l'Europe, en Allemagne, par exemple, ils ont été prévus, et des règles ont été établies pour y parer. Là, on n'entre qu'après un certain noviciat, un certain examen, dans la carrière; là on ne peut marcher que pas à pas dans la carrière où on est entré, il faut aller du premier grade au second, et passer successivement par tous les degrés de l'échelle hiérarchique.

Je dis que ce sont là des règles salutaires; et non-seulement elles existent en pays étrangers, mais aussi, en partie chez nous, dans la carrière où l'ambition est naturellement la plus énergique, la plus impatiente: dans la carrière militaire. Dans cette carrière, on ne peut y entrer qu'après avoir fait un apprentissage long et difficile; on ne peut y avancer qu'après avoir passé dans chaque grade un temps d'épreuve, et on n'y voit pas l'exemple fâcheux qui est sans cesse donné dans les carrières civiles. Pourquoi n'étendrait-on pas cette même règle à toutes les carrières?

J'ai hésité à ajouter ce qui me reste à dire, parce que je craignais qu'on ne confondît mon opinion avec d'autres opinions qui marchent au même but sans partir du même point, mais il faut être vrai jusqu'au bout.

Parmi les causes qui chez nous produisent cette démoralisation du pays par les places, la plus énergique, la plus continue, permettez-moi de le dire, se trouve dans la loi électorale; je l'avoue, ce n'est pas qu'elle soit trop peu démocratique, je crois que, quant à présent, en matière de loi électorale, on a donné non pas trop, mais assez à la démocratie; je ne pense donc pas que la loi électorale doive être attaquée comme un instrument de monopole, c'est comme un instrument de démoralisation politique que je l'attaque. En effet, de quoi se plaint-on? que dit-on tous les jours? on dit, on répète, tous les organes de la presse de quelque côté que ce soit, disent: On se plaint que les intérêts locaux deviennent dans l'esprit des citoyens, dans l'esprit même des députés, plus forts que l'intérêt général.

Qu'est cela, Messieurs, sinon la plus grande démoralisation qui puisse exister dans un pays? Eh bien! niera-t-on que la loi électorale qui divise le royaume en une infinité de parcelles, qui fait qu'un Député ne représente qu'une de ces parcelles (*très bien!*), et dans chacune d'elle qu'un très petit nombre de citoyens que l'intérêt local possède sans contrôle, et dont le député dépend ; pensera-t-on qu'une pareille loi n'est pas la première cause du mal dont on se plaint ?

On se plaint encore qu'il arrive trop souvent que l'électeur, dans le choix qu'il fait du Député, a bien plus fait attention aux services qui lui sont rendus qu'aux actes politiques du député qu'il nomme. Voilà ce qu'on dit, et permettez-moi de vous le dire à mon tour : comment voulez-vous qu'il en soit autrement, lorsqu'un très petit nombre d'électeurs, placés en poste fixe autour d'un homme puissant qu'ils ont nommé Député, pouvant l'aborder à tous momens, pouvant l'importuner sans cesse, auxquels il ne peut échapper, dont ils ont la fortune politique dans les mains ; comment voulez-vous que ce petit nombre d'électeurs résiste à la tentation d'obtenir pour eux-mêmes une satisfaction qu'ils ne devraient demander que pour leur opinion politique ? Comment voulez-vous que dans cette lutte qui se livrera nécessairement sans cesse, dans leurs cœurs, entre l'intérêt général et l'intérêt particulier, l'intérêt particulier ne soit pas souvent le plus fort ? Cela est-il possible ? et ne perdront-ils pas bientôt de vue le pays pour ne voir qu'eux-mêmes ?

On se plaint encore que des Députés, pour obtenir la voix des électeurs, s'attachent plutôt, de leur côté, à rendre des services qu'à satisfaire des opinions. Et comment voulez-vous qu'il en soit autrement ? Comment voulez-vous que cette grande immoralité politique ne se retrouve pas quelquefois, lorsque le Député, de son côté, est placé à poste fixe dans une sorte de tête-à-tête perpétuel avec un petit nombre d'électeurs dont il dépend, qui sont ses amis, ses voisins, ses proches, qu'il voit tous les jours, et qu'il trouvera bien plus de facilités à gagner un à un par de bons offices qu'à satisfaire tous ensemble par des opinions ? (*C'est vrai ! c'est vrai !*)

Du reste, Messieurs, je ne prétends pas, la Chambre peut bien le croire, je ne prétends pas faire une loi électorale à cette tribune, à propos de l'adresse. Je voulais seulement expliquer ma pensée ; ma pensée est celle-ci :

Un mal profond travaille le pays ; ce mal, on l'attribue, suivant moi, à bien des causes dont la plupart sont secondaires. La cause profonde du mal, dont tout le reste est un symptôme, est la démoralisation politique ; c'est donc vers la démoralisation politique que les yeux de tous les amis de ce pays doivent se tourner. (*Très bien !*)

. . . .

Le gouvernement français, selon moi, a toutes les forces que peut avoir un gouvernement qui n'est pas assis sur des mœurs publiques, fermes et solides.

C'est donc à ces mœurs qu'il faut songer ; c'est de ce côté qu'il faut que tous les bons citoyens, je le répète et je les en supplie, dirigent leurs regards ; car là est le péril qui menace, non pas le ministère, non pas un homme, non pas un parti, mais, permettez-moi de le crier à cette Chambre, à la France tout entière, qui menace notre honneur au dehors, notre sécurité au dedans, la sécurité de la nation et de chaque citoyen qui la compose, et qui met en péril tout ce qui attache et lie les hommes au sol de la patrie.

C'est donc vers ce but qu'il faut que les bons citoyens tournent leurs regards ; c'est là le mal auquel il faut songer ; c'est à ce mal qu'il faut chercher à porter remède. C'est en cherchant ce mal que l'on peut se réunir, de quelques points de la Chambre que l'on soit parti ; c'est pour parvenir à guérir ce mal que l'on peut faire une coalition légitime et sainte. (*Très bien ! très bien !*)

Ces préoccupations ne se trouvent pas dans l'adresse, rien ne prouve dans la conduite des ministres qu'ils les aient eues, qu'elles aient été au moins le principe de leur conduite.

Je vote donc contre l'adresse. (Vive approbation à gauche.)

(Pendant l'interruption qui suit ce discours, l'orateur reçoit de nombreuses félicitations.)

Pièce N° 2.

DIRECTION DE L'ENREGISTREMENT ET DES DOMAINES.

(*Extrait de l'ordonnance royale du 30 déc. 1816.*)

Art. 2. Il y a près du directeur général cinq administrateurs et un secrétaire général.

Art. 3. Les Administrateurs forment, avec le Directeur général, un Conseil d'administration dont il a la présidence.

Art. 6. Les administrateurs et le secrétaire général sont nommés par nous, sur la proposition de notre ministre secrétaire d'État des finances; ils sont choisis parmi les directeurs dans les départemens, les chefs de division de l'administration centrale et les Inspecteurs généraux.

Les uns et les autres doivent avoir au moins six années d'exercice dans leur grade respectif.

Le directeur général propose au Ministre pour être approuvées par nous les nominations aux places de directeurs dans les départemens et à celles d'inspecteurs généraux et particuliers.

Il nomme à tous les autres emplois en se conformant à la hiérarchie des grades, et après avoir pris l'avis du Conseil d'administration.

Art. 7. Les bureaux de perception des droits d'enregistrement et d'hypothèques et de recettes des domaines sont divisés en trois classes :

La première comprend celle des chefs-lieux de département;

La deuxième ceux des chefs-lieux d'arrondissement ;

La troisième ceux des chefs-lieux de canton ;

Les bureaux des trois classes, selon leur importance, sont accordés aux receveurs et préposés à titre d'avancement graduel.

Les surnuméraires ayant 21 ans accomplis et deux années au moins de surnumérariat sont admissibles aux bureaux n'excédant pas 1,500 francs de remises, année courante.

Art. 9. Les vérificateurs sont choisis parmi les receveurs ;

Les inspecteurs particuliers, parmi les vérificateurs ;

Les inspecteurs généraux, parmi les inspecteurs particuliers ;

Les uns et les autres doivent avoir, pour chaque degré d'avancement, trois années d'exercice dans leur grade respectif.

Art. 10. Les directions de l'enregistrement et des domaines, dans les départemens, sont divisés en trois classes :

Sont proposés pour celles de première classe, des directeurs de deuxième classe ;

Pour celles de deuxième classe, des directeurs de troisième classe ;

Pour celles de troisième classe, des inspecteurs particuliers ayant au moins cinq années d'exercice en cette qualité ;

Les inspecteurs généraux et les chefs de division de l'administration centrale peuvent être présentés pour une direction de première classe, après cinq années de service dans leur grade respectif;

Les chefs adjoints de division sont admissibles aux directions de deuxième classe;

Les sous-chefs, à celles de troisième classe, pourvu qu'ils aient respectivement trois années d'exercice dans leur grade;

Les inspecteurs généraux, après trois années d'exercice dans l'inspection générale, peuvent être proposés pour les directions de deuxième et troisième classe;

Les sous-chefs adjoints peuvent être présentés pour la place d'inspecteur particulier, après le même temps d'exercice.

Art. 11. Le Directeur général révoque et destitue en Conseil d'administration les employés dont la nomination lui est déférée.

Il peut suspendre et remplacer provisoirement aussi, en Conseil d'administration, les autres employés nommés sur sa présentation; il en rend compte au Ministre des finances pour qu'il soit statué définitivement.

Art. 12. Le directeur général préside aux délibérations du Conseil d'administration, quand il je juge convenable; il en délègue la présidence, en cas d'absence, à l'un des administrateurs.

Art. 13. Le Conseil d'administration délibère sur, etc.

Art. 14. Le conseil d'administration donne, d'ailleurs, son avis sur toutes les affaires sur lesquelles il peut être consulté par le Directeur général, etc., etc.

Pièce N° 3.

ADMINISTRATION DES CONTRIBUTIONS DIRECTES.

Paris, 10 janvier 1821.

Monsieur,

Son Excellence le Ministre des finances, en prenant la direction supérieure de l'administration, a eu pour première pensée de déclarer que tous les droits acquis seraient conservés et que les règles d'ordre et de justice qui doivent assurer aux employés la récompense de leurs services seraient religieusement observées. Pour garantir l'exécution de ses promesses, Son Excellence a jugé convenable de déterminer par un règlement les conditions et le mode de l'avancement. Nous le faisons imprimer à la suite de la présente : les employés y reconnaîtront le soin avec lequel le Ministre a cherché à mettre leur sort à l'abri d'influence qui n'auraient pas la justice et l'intérêt du service pour objet ; ils remarqueront, surtout, comme une mesure éminemment encourageante, la formation et le renouvellement tous les six mois de listes de candidats qui seront soumises au Ministre. *C'est parmi ces candidats que seront choisis exclusivement les sujets à avancer.* La solennité de l'examen qui précède la formation des listes, le soin religieux avec lequel tous les droits seront pesés, et la sanction qu'elles recevront de l'autorité supérieure, garantissent aux employés qu'aucun genre de mérite ne restera inaperçu, et ils sentiront, sans doute, que les plus puissantes recommandations doivent sortir des preuves de zèle qu'ils auront données.

.........Les dispositions réglées pour le placement des surnuméraires ne peuvent que soutenir le zèle de cette classe d'employés....... Ils verront, au moins, que leur sort excite toute la sollicitude de l'administration, et que, sauf la préférence due aux fils d'employés, préférence trop naturelle pour qu'elle puisse exciter l'envie, chacun d'eux sera toujours à même de connaître, par son rang d'ancienneté, le moment de sa nomination à un emploi salarié, etc., etc.

Les membres du Conseil d'administration des contributions indirectes,

DE SUSSY; CALET; PASQUIER; DU TREMBLAY; GUÉAU DE REVERSEAUX.

(*Extrait de l'Arrêté du* 9 *novembre* 1820.)

Nous, Ministre secrétaire d'État des finances,

Nous étant fait représenter ceux des règlemens et instructions de l'administration des contributions indirectes qui déterminent l'ordre hiérarchique des emplois de cette administration, ainsi que le mode et les conditions de l'avancement :

Convaincu que le succès des perceptions et l'accomplissement, de la part des employés, des devoirs qui leur sont imposés, sont essentiellement liés à la religieuse observation des règles de justice envers eux.

Voulant compléter les garanties qui leur ont été données à cet égard en notre nom, par la lettre circulaire du Conseil d'administration, en date du 12 août dernier, et, en même temps, assurer l'application des mesures de discipline ou de répression contre ceux qui négligeraient de remplir leurs obligations, ou qui s'en écarteraient :

Ordonnons que les dispositions suivantes serviront désormais de règle en tout ce qui concerne le personnel de ladite administration, et qu'il n'y sera apporté aucune modification, ou dérogation, sans notre autorisation.

Art. 1er. Les employés de l'administration des contributions indirectes sont classés, pour la hiérarchie et l'avancement, dans l'ordre suivant :

Les inspecteurs généraux ;

Les directeurs ;

Les contrôleurs de comptabilité et les contrôleurs ambulans;

Les contrôleurs de ville ;

Les receveurs ambulans à pied et à cheval;

Les commis adjoints à pied et à cheval;

Les commis à pied ;

Les surnuméraires.

Art. 2. Les emplois, autres que ceux désignés dans l'article précédent, sont assimilés à ceux-ci, ainsi qu'il suit, etc.

Art. 3. Nul autre que les surnuméraires ne peut être nommé à un des emplois désignés par l'article 1er, s'il n'est déjà, ou s'il n'a été en fonctions dans un grade immédiatement inférieur, suivant l'ordre établi par les articles précédens, etc.

Art. 4. L'avancement sera toujours accordé aux sujets qui auront les meilleurs et les plus anciens services. Toutefois, l'admission dans un grade devra être précédée de deux années complètes d'exercice dans le grade inférieur; cette disposition ne sera pas de rigueur pour les commis à pied cautionnés.

Il pourra aussi être fait exception à cette règle, en faveur d'employés qui recevraient des blessures dans l'exercice de leurs fonctions, qui éprouveraient de graves accidens, ou qui rendraient un service éminent. Ces exceptions seront prononcées par nous, sur un rapport spécial du Conseil d'administration.

Art. 5. Chaque année, dans le courant des mois d'avril et d'octobre, le Conseil d'administration appellera auprès de lui les Inspecteurs généraux présens à Paris, et les chefs de division, et, d'après les témoignages, notes et renseignemens qui auront été fournis par les Inspecteurs généraux, les Directeurs et autres employés supérieurs, ou qui auront été recueillis dans les différentes parties de l'administration, il formera des listes de candidats pour chaque grade, et pour l'ensemble du royaume, présentant un nombre de sujets triple de celui des vacances présumées pour ce semestre. Ces listes, successivement renouvelées, seront soumises à notre approbation.

ART. 6. Les emplois placés dans l'ordre hiérarchique qui viendront à vaquer ne pourront être donnés (hors le cas d'exceptions spécifiées à l'article 4) qu'à des sujets qui seront portés sur les listes dont la formation est ordonnée par l'article précédent.

Les employés remplacés pour cause de maladie auront droit aux premiers emplois vacans, dès qu'ils auront justifié de leur parfait rétablissement.

ART. 7. Toutes les décisions relatives aux changemens de résidence, révocations, destitutions, dégradations, changement d'organisation ou de circonscription, seront prises en Conseil d'administration.

...... ART. 10. Nul ne sera admis surnuméraire pour le service actif s'il a moins de 21 ans, et pour les bureaux d'une direction, s'il a moins de 19 ans. Les fils d'employés pourront, néanmoins, être admis dans ces bureaux à 18 ans.

ART. 11. Les surnuméraires seront placés par rang d'ancienneté ; il suffira de deux années d'exercice à ceux qui seront placés près des Inspecteurs généraux, aux fils d'employés, et aux anciens employés qui rentreront en qualité de surnuméraires, etc., etc.

Le Ministre secrétaire d'État des finances,

Signé ROY.

PIÈCE N° 4.

ADMINISTRATION DES DOUANES ET SELS.

(*Extrait de l'Almanach royal de* 1841, *page* 228.)

.... Le Conseil d'administration présidé par le Directeur délibère.......

8. Sur les suppressions, divisions et créations d'emploi ;

9. Sur les nominations, dégradations, révocations, mises à la retraite et réadmissions des employés ;

10. Sur la formation annuelle d'un tableau dans lequel sont inscrits les employés des deux services capables d'être promus aux places de directeurs, inspecteurs, sous-inspecteurs et receveurs principaux de toutes classes.

Etc.

PIÈCE N° 5.

MINISTÈRE DE LA JUSTICE ET DES CULTES.

(*Extrait de l'Arrêté du* 7 *septembre* 1829.)

Nous garde des sceaux, Ministre secrétaire d'état au département de la justice, voulant déterminer la composition du Conseil d'administration de notre Ministère et régler ses attributions ;

Avons arrêté ce qui suit :

Art. 1er. Le Conseil d'administration de notre Ministère, créé par arrêté en date du 19 janvier 1822 (1), est maintenu.

Art. 2. Il est composé du secrétaire général qui en a la présidence, des chefs de division et du chef du bureau des cours et tribunaux.

Le chef du cabinet du secrétaire général tient la plume ; il rédige les délibérations du conseil ; il n'a pas voix délibérative.

Art. 3. Le Conseil, qui s'assemble au moins une fois par semaine, délibère d'après le rapport qui lui est fait par chaque chef de service :

1° Sur les mesures de discipline à prendre contre les magistrats, les officiers ministériels, et les employés de l'administration centrale;

2° Sur le classement, la fixation, la création et la translation des résidences des notaires;

3° Sur le nombre des avoués qui doit exister près de chaque cour ou tribunal ;

4° Sur le nombre et le classement des commissaires priseurs et des huissiers;

5° Sur toutes les difficultés qui peuvent se présenter à l'occasion du prix de la vente des offices;

6° Sur la création ou suppression de tribunaux de commerce; de chambres temporaires ou permanentes dans les cours ou tribunaux ;

7° Sur l'augmentation dans le nombre des conseillers, juges ou autres officiers des cours et tribunaux;

8° Sur les augmentations du traitement de la magistrature ;

9° Sur les privations de traitement encourues par les magistrats ou autres officiers de justice ;

10° Sur l'admission à la retraite des magistrats et des employés de tout grade de l'administration centrale, ainsi que sur le règlement de la pension à laquelle ils peuvent avoir droit : sur les demandes de secours formées par les magistrats, leurs veuves et leurs orphelins, sur la caisse du sceau des titres ;

11° Sur les règlemens des mêmes dépenses et frais de parquet, des cours et tribunaux;

12° Sur la distinction à établir entre les menues dépenses et frais de parquet, lorsque cette distinction est demandée;

13° Sur les révocations, destitutions ou suppressions de magistrats et employés de l'administration centrale.

14° Enfin, sur toutes les autres affaires qui lui seront renvoyées par nous ou que les chefs de division croiront devoir lui soumettre.

Art. 4. Toutes les affaires relatives à des mesures de discipline seront rapportées au Conseil dans les huit premiers jours qui suivront leur introduction au ministère.

Art. 5. Les délibérations du Conseil d'administration sont prises à la majorité des voix ; en cas de partage d'opinions, la voix du président est prépondérante.

Art. 6. Le Président soumet à notre approbation toutes les délibérations du conseil, etc.

Signé COURVOISIER.

---

(1) Sur la proposition de M. De Peyronnet.

Pièce N° 6.

MINISTÈRE DE LA GUERRE.

(*Extrait du règlement sur le personnel de l'administration centrale.*)

. . . .

Art. 16. Aucun employé titulaire ne pourra être révoqué que sur l'avis d'une commission présidée par l'un des directeurs généraux et composée de deux chefs de division et deux chefs de bureau y compris celui du service intérieur; en outre, le chef du bureau auquel appartiendra l'employé en prévention, remplira les fonctions de rapporteur, sans voix délibérative.

Cette commission prononcera comme jury, après que l'employé aura été entendu dans ses observations et moyens de défense. L'avis de la commission sera soumis à la décision du ministre.

Le Pair de France, ministre secrétaire d'État de la guerre.

Signé BERNARD.

Paris, 23 janvier 1837.

Pièce N° 7.

(*Extrait de l'Ordonnance royale du* 31 *octobre* 1839.)

. . . .

Art. 5. Nul ne sera nommé percepteur s'il n'a exercé pendant deux ans comme percepteur surnuméraire, ou s'il ne remplit les conditions prescrites par l'article 8 de la présente ordonnance.

Art. 6. Aucun percepteur ne pourra obtenir une perception d'une classe supérieure, s'il ne compte trois années d'exercice au moins dans la classe immédiatement inférieure.

Art. 7. . . . . Les percepteurs surnuméraires et les percepteurs de 4e classe seront nommés sur la proposition des préfets. A cet effet, le préfet du département où la vacance aura lieu transmettra au ministre, pour qu'il ait à faire son choix, une liste portant les noms de trois candidats, et contenant, outre ses propres observations, celles du receveur-général, sur l'aptitude et les titres de chacun des candidats.

Dans le cas où aucun des percepteurs surnuméraires du département ne remplirait les conditions requises pour être proposé par le préfet, notre ministre des finances pourvoirait directement à la vacance, en y appelant un percepteur surnuméraire choisi dans un autre département.

Etc.

Signé H. PASSY.

Pièce N° 8.

La commission chargée de l'examen du projet de loi sur les pensions civiles présenté le 18 mars 1841 par M. Humann, était composée de MM. Boudet, Bresson, Cayx, Las Cases, Leclerc, Mathieu (de Saône-et-Loire), Félix Réal, Vitet et Vivien.

TABLE DES MATIÈRES.

Pages

AU LECTEUR 5

PREMIÈRE PARTIE.

CONSIDÉRATIONS GÉNÉRALES.

Coup d'œil sur l'état social et financier de la France et sur son système électoral et administratif 9
Etat des fonctionnaires publics en Allemagne 12
Etat des fonctionnaires publics et employés de l'État en France 15
Extrait du rapport de M. Felix Réal sur le cinquième projet de loi relatif aux pensions civiles, présenté en 1841 à la Chambre des députés ..... *ibid.*
Législation actuelle sur les pensions civiles 18
Pensions civiles sur les fonds généraux du trésor 19
Des caisses de retraite fondées sur retenues 21
1er Projet de loi, présenté par M. HUMANN le 16 décembre 1834 22
2e Projet de loi, présenté par M. DUCHATEL le 4 janvier 1837 ..... *ibid.*
3e Projet de loi, présenté par M. LACAVE-LAPLAGNE le 27 février 1838 23
4e Projet de loi, présenté par M. PASSY le 25 janvier 1840 24
5e Projet de loi, présenté par M. HUMANN le 18 mars 1841 25
Observations sur ce projet de loi 27

DEUXIÈME PARTIE.

NOUVEAU SYSTÈME DE TRAITEMENS, SALAIRES ET PENSIONS.

Programme à remplir 33
Cause première des inconvéniens du système actuel 35
Base et conséquences du nouveau système proposé ..... *ibid.*
Résultats comparatifs et notables avantages du nouveau système sous le rapport financier 36

MODE ET DÉTAILS DE L'ORGANISATION.

TRAITEMENS 39
Application du système à tous les traitemens payés directement ou indirectement par le trésor ..... *ibid.*
Réunion au traitement du montant des remises et traitemens éventuels 40
Conversion des traitemens *fixes* actuels en traitemens *progressifs* 41
Bases diverses qui peuvent être adoptées pour la conversion 43
Conséquences de diverses combinaisons accessoires ..... *ibid.*
Moyen d'établir et de vérifier facilement le taux des traitemens 44
Conditions exigées pour que le nombre et le taux des traitemens puissent être modifiés 46
Etablissemens de conseils d'administration dans tous les services et leurs attributions 47
Règlement général pour tout ce qui concerne le service de ces conseils à rédiger par le gouvernement 48

Pages.

Exécution simple et facile du nouveau système........................ 48
Mode de transition de l'ancien au nouveau système.......................ibid.
Emploi des économies obtenues à l'amélioration des traitemens insuffisans et des services à compléter.. 49
Traitemens des juges..ibid.
— Commis greffiers..ibid.
— Juges de paix et greffiers...ibid.
— Curés desservans et vicaires... 50
— Sous-préfets...ibid.
— Maîtres des requêtes et conseillers d'état........................... 51
— Présidens des cours royales; juges des cours souveraines; Ministres d'État, etc...ibid.
Moyen et facilité de subvenir aux diverses améliorations............... 52
Organisation et traitemens à fixer seulement définitivement par la première révision triennale de janvier 184 ....ibid.
Avancement.. 53
Mesures disciplinaires.. 55
Retraites et pensions..ibid.
Nécessité de fixer également les devoirs des fonctionnaires............ 58
Résumé général... 59

PROJET DE LOI

Pour le règlement des traitemens, avancement et pensions des fonctionnaires publics et employés de l'État.. 67

TITRE Ier.

Dispositions générales...ibid.

TITRE II.

Traitemens des fonctionnaires..ibid.

TITRE III.

Avancement.. 69

TITRE IV.

Dispositions disciplinaires.. 70

TITRE V.

Retraites et pensions..ibid.

CHAPITRE Ier.

Conditions d'admission à la pension de retraite et bases de la fixation des pensions ....ibid.

SECTION UNIQUE.

Dispositions communes à tous les services civils.......................ibid.
§ 1. Des pensions par ancienneté.......................................ibid.
§ 2. Pensions pour cause de blessures ou d'infirmités.................. 72
§ 3. Pensions des veuves...ibid.
§ 4. Pensions temporaires aux orphelins................................ 73

Pages

CHAPITRE II.

Liquidation et concession des pensions 73

CHAPITRE III.

Dispositions générales 74

CHAPITRE IV.

Dispositions transitoires 75

CHAPITRE V.

Voies et moyens .... *ibid.*

SECTION 1re

Liquidation des caisses actuelles sur fonds de retenues .... *ibid.*

§ 1. Suppression des caisses actuelles de retenues .... *ibid.*

§ 2. Inscription au grand-livre de la dette publique des pensions à la charge de ces caisses 76

SECTION II.

Des pensions à concéder à partir du 1er janvier 184 .... *ibid.*

CHAPITRE VI.

Dispositions exceptionnelles 77

TITRE VI.

DISPOSITIONS D'ORDRE GÉNÉRAL .... *ibid.*

TABLEAUX EXPLICATIFS.

Tableau A 79
Tableau B 80
Tableau C 81
Tableau D .... *ibid.*
Tableau E 82
Tableau F .... *ibid.*
Tableau G 83
Tableau H 84
Tableau I 86
Tableau J 87
Tableau K 88

PIÈCES JUSTIFICATIVES.

Pièces N° 1. Extrait du discours de M. de TOCQUEVILLE 91
N° 2 96
N° 3 97
N° 4 99
N° 5 .... *ibid.*
N° 6 101
N° 7 .... *ibid.*
N° 8 .... *ibid.*

FIN DE LA TABLE DES MATIÈRES.

Imprimerie administrative de Paul Dupont et Comp., rue de Grenelle-Saint-Honoré, 55, à Paris.

www.ingramcontent.com/pod-product-compliance
Ingram Content Group UK Ltd.
Pitfield, Milton Keynes, MK11 3LW, UK
UKHW020327250726
13967UKWH00004B/1898

9 782011 794253